Edition Maritim

Gewässerkarte Frankreich

Mit den Hauptwasserstraßen der Benelux-Länder

Bearbeitung: Konrad Nussbaum

Edition Maritim

Autor und Verlag übernehmen für Irrtümer, Fehler oder Weglassungen keine Gewährleistung oder Haftung. Die Karte dient zur Orientierung und nicht zur Navigation; sie ersetzt also keinesfalls offizielle Karten.

Bibliografische Information der Deutschen Bibliothek
Die Deutsche Bibliothek verzeichnet diese Publikation in der Deutschen Nationalbibliografie; detaillierte bibliografische Daten sind im Internet über „http://dnb.ddb.de“ abrufbar.

2. Auflage
ISBN 3-89225-367-6
Die Rechte für diese deutsche Ausgabe liegen bei
Edition Maritim GmbH, Raboisen 8,
20095 Hamburg

Umschlag: Buchholz / Hinsch / Hensinger, Hamburg
Karte: Kapitän Konrad Nussbaum, Frankfurt
Texte aus: David Edwards-May, Binnengewässer
Frankreichs, Hamburg 2003 (Auszüge)
Titelfoto: Jürgen Straßburger, Bad Oldesloe
Rückseitenfoto: Harald Mertes, Koblenz
Druck und Bindearbeiten: WALTER Medien GmbH,
Brackenheim-Hausen

Printed in Germany 2003

Vertrieb: Delius Klasing Verlag
Siekerwall 21, 33602 Bielefeld
Tel.: 0521 / 559-0, Fax: 0521 / 559-114
e-mail: info@delius-klasing.de
www.delius-klasing.de

Einführung

Bootspapiere

Von Booten unter deutscher Flagge, die auf französischen Binnengewässern fahren, verlangen die Behörden als Bootsdokument das *Flaggenzertifikat* (a) des Bundesamtes für Seeschifffahrt und Hydrographie (BSH) oder den Internationalen Bootsschein (IBS) der Wassersportverbände (b). Das Flaggenzertifikat wird auf Antrag vom Bundesamt für Seeschifffahrt und Hydrographie, Bernhard-Nocht-Straße 78, 20305 Hamburg, ausgestellt.
Der Internationale Bootsschein (IBS) wird vom Deutschen Segler-Verband, Gründgensstraße 18, 22309 Hamburg, Tel.: 040–63 20 09 62, vom Deutschen Motoryachtverband e. V., Vinckeufer 12–14, 47119 Duisburg, Tel.: 0203–80 95 80 oder vom ADAC, Referat Sportschifffahrt, Am Westpark 8, 81373 München, Tel.: 089–7 67 60 ausgestellt.
Boote, die auch französische Küstengewässer befahren wollen, brauchen zwingend das Flaggenzertifikat.
Segel- und Motoryachten mit mehr als 15 m Rumpflänge müssen in Frankreich den Eintrag in ein Schiffsregister nachweisen und dies mit dem Schiffszertifikat belegen können.

Bootsführerschein

Ausländische Bootsführer müssen in Frankreich den Bootsführerschein besitzen, der im Heimatland zum Befahren vergleichbarer Gewässer vorgeschrieben ist.
Danach gilt für deutsche Skipper
– auf den französischen Binnengewässern muss zum Führen von Booten mit Motoren von mehr als 3,68 kW (5 PS) der Sportbootführerschein Binnen vorgelegt werden;
– auf den französischen Küstengewässern wird zum Führen von Booten mit Antriebsmaschine von mehr als 3,68 kW (5 PS) der Sportbootführerschein See verlangt.
Charterboote, die auf den französischen Binnenwasserstraßen angeboten werden, sind durchweg führerscheinfrei. Für alle anderen in Frankreich zugelassenen Sportboote gelten die französischen Führerscheinvorschriften.

Grenzübertritt/Zoll

Seit der Einführung des Europäischen Binnenmarktes am 1. Januar 1993 gibt es beim Grenzübertritt auf den Binnenwasserstraßen keine Grenzkontrollen mehr. Boote, die unter der Flagge eines Mitgliedstaates der Europäischen Union (EU) laufen, genießen innerhalb der EU Freizügigkeit in räumlicher und zeitlicher Hinsicht.
Dies heißt, dass sich Boote unter deutscher Flagge beliebig lange in Frankreich aufhalten können, ohne dass es irgendwelcher Abgaben oder Formalitäten bedarf. Voraussetzung hierfür ist allerdings, dass das Boot irgendwann einmal ordnungsgemäß in die EU eingeführt wurde.
Die Einfuhr in den europäischen Binnenmarkt gilt als erfolgt, wenn für das Boot nachweislich die fällige Umsatzsteuer (Mehrwertsteuer) in einem beliebigen EU-Land bezahlt wurde.
Eignern von Booten, die nach dem 1. Januar 1985 in Betrieb genommen wurden, ist zu empfehlen, einen entsprechenden Nachweis über die abgeführte Umsatzsteuer in Form des Kaufvertrages oder eine entsprechende Zollbescheinigung an Bord mitzuführen.
Boote, die über See französische Gewässer ansteuern, sind weiterhin verpflichtet, in einem französischen Zollhafen (Port of Entry) ordnungsgemäß einzuklarieren. Nach dieser Prozedur gilt auch für diese Boote die zuvor beschriebene Freizügigkeit in räumlicher und zeitlicher Hinsicht.

Kanalgebühren (Vignette)

Seit dem 1. Januar 1992 ist die Benutzung der französischen Wasserstraßen, die von den Voies Navigables de France (VNF) verwaltet werden, gebührenpflichtig. Die Höhe der zu zahlenden Gebühr richtet sich nach der Bootsgröße und Aufenthaltsdauer. Vignetten können für vier unterschied-

liche Zeiträume erworben werden: 1 Tag, 16 Tage, 30 Tage oder ein Kalenderjahr. Bootsfahrer können die benötigten Vignetten anhand von Formularen bei einem Büro der VNF (Anschriften s. unten) bestellen. Die entsprechenden Gebühren sollten dem Antrag per Verrechnungsscheck beigelegt werden.
Die Zeitschrift „boote" veröffentlicht (regelmäßig in Heft 3 jeden Jahrgangs) zu Beginn jeden Jahres die aktuellen Vignetten-Preise sowie das entsprechende Antragsformular.
Auf dem Rhein, den kanalisierten Rheinstrecken, dem Grand Canal d'Alsace und auf der Mosel werden keine Gebühren erhoben.
Der Antrag wird zusammen mit dem Verrechnungsscheck an ein Büro der Voies Navigables de France (VNF) geschickt; ein adressierter Rückumschlag in der Größe DIN A5 sollte mit dem Antrag eingereicht werden. Die Vignette wird dem Antragsteller dann nach der Bearbeitung direkt per Post zugeschickt und ist an der Steuerbordseite der Frontscheibe gut sichtbar anzubringen.
Die ebenfalls zugestellte Quittung der VNF sollte zu den Bootspapieren genommen werden. Die VNF lehnt übrigens jede Verantwortung ab, wenn dem Antrag Bargeld beigelegt wird.
Mittlerweile kann die Vignette auch an allen Eingangsschleusen während der Bürozeiten gekauft werden.

Anschriften der VNF-Büros:
VNF
14, Rue de l'Est
68052 Mulhouse-Cedex, Tel. 03 89 45 22 46
VNF
5, Rue de Port-du-Rhin
67016 Strasbourg-Cedex, Tel. 03 90 41 06 06
VNF, 30, Rue Raymond-Poincarré
57200 Sarreguemines, Tel. 03 87 98 11 15

Abmessungen der Wasserstraßen
Was die Abmessungen angeht, so kann man die französischen Binnenwasserstraßen in drei Kategorien einteilen:

Großschifffahrtswege (Europa-Klasse IV oder größer)
Dazu gehören die Seine und die Oise, der Großschifffahrtsweg Dünkirchen–Schelde und die Untere Schelde, die Mosel, der Rhein, die Rhône und die Untere Saône wie auch die Seeschifffahrtsstraßen in den Mündungen der Loire und der Gironde. Auf diesen Wasserstraßen sind die Abmessungen für Sportboote und kleine Lastkähne nicht von Bedeutung, denn die Schleusen haben dort Mindestmaße von 176 x 12 m, der Tiefgang beträgt mindestens 2,50 m und die Mindestdurchfahrtshöhe 4,50 m (normalerweise sogar mehr).

Freycinet-Wasserstraßen incl. Canal du Nord und untere Yonne (Klasse I und II)
Die meisten Wasserstraßen fallen in diese Kategorie, da ihre Standardabmessungen im Jahr 1879 vom Minister für öffentliche Arbeiten, M. Freycinet, festgelegt wurden. Auch hier reichen die Abmessungen für die meisten Sportboote gut aus; die Schleusen haben ein Mindestmaß von 38,50 x 5,10 m, der Tiefgang beträgt mindestens 1,80 m und die Mindestdurchfahrtshöhe 3,40 m (meist sogar 3,70 m).

Kleinere Wasserstraßen, nur für Sportboote geeignet (Klasse 0)
Hier wird es mit den Abmessungen manchmal kritisch, besonders für Lastkähne und Yachten mit tiefen Kielen.

Allgemeine Fahrhinweise (Verkehrsregeln)
Verkehrsregeln sind verhältnismäßig leicht einzuhalten und die Fähigkeit, sein Boot korrekt und sicher zu lenken, ist ebenso wichtig wie die Kenntnis der Wasserstraßen-Verkehrsordnung. Die wichtigsten Regeln, die Sportskipper beachten müssen, fassen wir hier zusammen:

Wegerecht der Berufsschifffahrt und anderer Lastschiffe
Sportschiffe dürfen die Berufsschifffahrt niemals behindern oder zu Kursänderungen zwingen; sie müssen sich immer vor Augen halten, dass das Wegerecht bei den Schiffern liegt, für die die Wasserstraßen gebaut worden sind. Halten Sie sich gut von fahrenden Schiffen und Baggern und von den Baustellen auf den Wasserstraßen fern.

Begegnungsmanöver („Croisement")
Schiffe können nur aneinander vorbeifahren, wenn die Fahrrinne breit genug ist, keine anderen Schiffsbewegungen stattfinden und die örtlichen Gegebenheiten es gestatten. Fahrzeuge, die sich nicht auf Kollisionskurs befinden, ändern weder Kurs noch Geschwindigkeit und halten sich rechts, d. h. man fährt normalerweise an der Backbordseite des Entgegenkommenden vorbei.

Es gibt eine Ausnahme von dieser Regel, die jedoch mehr die Lastkähne als die Sportboote betrifft: Auf breiteren Flussschifffahrtsstraßen halten sich bergwärts fahrende Fahrzeuge in Biegungen an der Innenseite, da das Wasser dort ruhiger ist, wogegen talfahrende Fahrzeuge in der Mitte der Fahrrinne fahren. Diese Gepflogenheit fällt unter die internationale „Blaue Flaggenregel". Wenn sich ein Bergfahrer links halten will, zeigt er eine blaue Flagge an der rechten Seite des Steuerhauses (oder bei Nacht ein weißes Blinklicht). Das talwärts fahrende Fahrzeug zeigt zur Bestätigung ebenfalls die blaue Flagge bzw. das Licht und macht die entsprechende Kursänderung.

Wenn der Führer des ersten Schiffes befürchtet, dass seine Absicht nicht verstanden wurde, gibt er zwei kurze Töne („Ich ändere meinen Kurs nach Backbord"); dieses Signal muss bestätigt werden (dasselbe gilt für den Fall, dass er nur *ein* kurzes Schallsignal gibt, womit er ausdrückt, dass er rechts vorbeifahren will). Sportboote müssen sich nicht an diese Regel halten, aber man muss sie kennen, um nicht gegen die Wegerechtsbestimmung für die Berufsschifffahrt zu verstoßen.

Überholmanöver („Dépassement" oder „Trématage")
Überholt wird gewöhnlich links, nur in ganz breiten Fahrwassern kann man Rechtsüberholen in Betracht ziehen, wobei der Führer des überholenden Fahrzeugs unbedingt seine Absicht durch Setzen der blauen Flagge am Bug kundtun muss. Sportbootskipper dürfen ausschließlich zum Überholen die Geschwindigkeit nicht erhöhen und sollten daran denken, dass das Überholen verboten ist, a) wenn nicht gewährleistet ist, dass das Manöver sicher ausgeführt werden kann, b) 500 m vor Schleusen und c) wo das Verbotszeichen A2 gezeigt wird. Kurz gesagt: Überholen Sie auf Wasserstraßen der Freycinet-Klasse I oder II niemals ein Lastschiff, wenn Sie nicht ausdrücklich von dessen Schiffsführer dazu aufgefordert werden, da sich das Manöver sonst als gefährlich erweisen könnte.

Wendemanöver („Virement")
Wenn ein Fahrzeug wenden will, weil es in die entgegengesetzte Richtung fahren muss, gibt es diese Absicht folgendermaßen zu verstehen: Will es nach rechts drehen, gibt es einen langen Ton, gefolgt von einem kurzen; will es nach links drehen, hören Sie einen langen Ton, dem zwei kurze Töne folgen.

Geschwindigkeitsbeschränkungen
Für jede Wasserstraße bestehen besondere Bestimmungen, die die Geschwindigkeit betreffen, und Schiffsführer, die dagegen verstoßen, machen sich im Sinne des Gesetzes schuldig. In den kleineren Kanälen ist die Geschwindigkeit für Lastkähne und für Sportboote mit einer Verdrängung von mehr als 20 Tonnen mit 6 km/h festgelegt, vermindert auf 4 km/h für das Passieren von beweglichen Brücken und Schifffahrt bei Nacht (soweit erlaubt). Für Sportschiffe mit weniger als 20 Tonnen ist die Geschwindigkeitsgrenze auf 8 km/h, in einigen Fällen auf 10 km/h festgelegt.

In den kleineren Kanälen sollte man seine Geschwindigkeit ohnedies den örtlichen Gegebenheiten anpassen. Oberstes Gebot ist, dass man das Gas zurücknimmt, sobald das Boot Wellenschlag am Ufer verursacht und wenn man an Anglern oder an festliegenden Booten vorüberfährt. So vermeidet man Beschädigungen.
Auf kanalisierten Flüssen sind höhere Geschwindigkeiten erlaubt als in Schleusenkanälen oder in Kanalabschnitten.

Schleusen
Auf französischen Binnenwasserstraßen hat man es mit vier verschiedenen Schleusenarten zu tun. Unsere Empfehlungen für die Bedienung der Schleusen richtet sich nach dem jeweiligen Typ.

Großschifffahrtswege
Die großen Schleusen auf diesen Wasserstraßen werden von Schleusenwärtern kontrolliert, die normalerweise in einem Kontrollturm auf der Hälfte des Schleusenbeckens sitzen. Sie entscheiden über die Reihenfolge bei der automatischen Füllung und Leerung der Schleusenkammern, wobei sie sich nach dem einlaufenden bzw. angekündigten Schiffsverkehr richten. Ein alleinfahrendes Sportboot muss mit Wartezeiten von 20 Minuten oder mehr rechnen, wenn die Schleuse gerade für ein Berufsschiff aus der Gegenrichtung vorbereitet wird.
Wenn bereits Lastkähne und andere Fahrzeuge auf das Durchschleusen warten, schließen Sie hinten an und lassen die Berufsschiffe zuerst einlaufen. Wenn der Andrang besonders groß ist, weist der Schleusenwärter über einen Lautsprecher den Sportbooten die verbleibenden Plätze an.
Kommen Sie dem Heck eines Güterschiffes nicht zu nahe, bevor sein Motor ganz abgeschaltet wurde, denn es kann sein, dass der Schiffer ganz unverhofft im letzten Moment den Retourgang betätigt, wodurch hinter seiner Schraube ziemlich starke Wirbel entstehen.

In den ganz tiefen Schleusen können Sie an Schwimmpollern festmachen oder an einer Reihe von Pollern, die vertikal übereinander im Abstand von 1 bis 2 m in die Schleusenwand eingelassen sind. Bei diesen so genannten „Stufenpollern" muss man entweder mit Vorder- oder Achterleine jonglieren, je nachdem, ob das Wasser in der Kammer steigt oder fällt. Wir empfehlen zwei Leinen oder eine lange Leine mit einem Auge an jedem Ende, die am Bug und am Heck befestigt wird, bereitzuhalten. So kann man die „eine ran/eine weg"-Methode anwenden, um der Veränderung des Wasserstandes gerecht zu werden.

Automatische Schleusen auf kleineren Wasserstraßen
Um Bedienungskosten einzusparen, hat man auf kleineren Kanälen und kanalisierten Flüssen wie z.B. auf dem Canal latéral à la Garonne, dem Canal du Centre, dem Canal de la Marne au Rhin (Rhein-Marne-Kanal) und an der Oberen Saône eine große Anzahl von Schleusen für voll- oder halbautomatische Bedienung eingerichtet, die oft in einer Kette („chaîne") oder Schleusentreppe zusammengefasst sind. Sie sind mit Lichtern ausgerüstet, auch hier bedeutet Rot: Warten; Rot und Grün: Schleuse in Vorbereitung; Grün: Einfahrt frei.
Die automatischen Schleusen funktionieren nach folgendem System:
Das Schiff wird bei der Annäherung erfasst, das geschieht entweder automatisch (Radar) oder beinhaltet den Gebrauch eines elektronischen Stabes, der beim Schleusenmeister an jedem Anfang/Ende der Schleusentreppe erhältlich ist. Ein orangefarbenes Blitzlicht in der Nähe des Detektors oder Rot-Grün zeigen an, dass das Schiff erfasst worden ist. Bei Grün läuft man langsam in die Schleuse ein. Einige Schleusen sind mit einem Detektor in der Einfahrt/Ausfahrt der Schleusenkammer ausgerüstet, entweder mit einem fotoelektrischen Sensor oder, bei älteren Modellen,

mit einer horizontalen Meldestange, die man mit dem Boot mindestens 5 Sekunden lang nach vorne drückt. Wenn das Boot sicher festgemacht ist, heben Sie die blaue Melde- stange an, daraufhin wird die Schleuse gefüllt oder geleert. Für Notfälle gibt es eine rote Stange. Die Ausfahrt aus der Schleuse darf erst angetreten werden, wenn die Schleusentore ganz geöffnet sind.

Beim Durchfahren einer Schleusentreppe ist unbedingt eine gleichbleibende Geschwindigkeit einzuhalten. Wenn Sie zwischendurch Pause machen wollen, und sei es nur, um Ihr Mittagessen einzunehmen, müssen Sie die Schleusenmeister, die üblicherweise am Anfang und am Ende der Schleusenkette stationiert sind, davon in Kenntnis setzen. In einem Notfall oder bei einer Panne erreicht man sie über das Funktelefon an der Außenseite des kleinen Kontrollschranks neben jeder Schleuse. Bei besonders schwierigen Wetterbedingungen (Starkwind oder heftiger Regen) fährt der für den Streckenabschnitt verantwortliche Schleusenmeister auf seinem Motorroller des öfteren den Treidelpfad entlang, um sich zu vergewissern, dass alles in Ordnung geht.

Schleusen mit Schleusenwärtern

Die meisten Schleusen an den Freycinet-Wasserstraßen werden noch von Schleusenwärtern bedient. Für gewöhnlich ist es nicht nötig, den Schleusenmeister über Ihre Ankunft zu informieren, da die Mannschaft der zuvor passierten Schleuse Sie per Telefon ankündigt. Ein kurzer, höflicher Ton auf dem Signalhorn könnte dann erforderlich werden, wenn keine Anzeichen von Aktivität auszumachen sind. Stören Sie aber nicht die Mittagspause des Schleusenwärters! Das ist allerdings nicht nötig, wenn bereits andere Fahrzeuge auf die Schleusung warten.

Man hält 50 m vor der Schleuse an und wartet auf das Zeichen zum Einfahren oder bis die Tore vollständig geöffnet sind. Während dieser Zeit sollte man nicht am Ufer festmachen – auf keinen Fall darf man aus der Schleuse kommende Fahrzeuge behindern. Beim Einfahren in die Schleuse (je langsamer, desto besser) lassen Sie ein Crewmitglied an der dem Haus des Schleusenmeisters gegenüberliegenden Seite aussteigen – meistens handelt es sich dabei um die Seite des Treidelpfades – in jedem Fall aber an der Seite, an der sich der Schleusenmeister nicht betätigt. Einige der älteren Schleusen an der Seine und an der Yonne haben schräge Wände; hier muss man, besonders beim Absteigen, erhöhte Vorsicht walten lassen. Meistens ist es möglich und auch besser, beim Einlaufen in diese besonderen Schleusen dem Schleusenmeister die Leinen anzureichen. Lassen Sie je ein Crewmitglied vorne und achtern mit einem Bootshaken bereitstehen, um das Schiff, wenn nötig, abzudrücken. Viele der Schleusenkammern mit schrägen Wänden sind in den vergangenen Jahren mit einem Schwimmponton ausgerüstet worden. Leider profitieren von dieser Einrichtung nur kleinere Fahrzeuge.

Eine jüngste Entwicklung, die die praktische Schleusenabwicklung auf vielen Kanälen betrifft, ist die komplette Neuorganisation des Schleusenpersonals und deren Zuständigkeit für mehrere Schleusen gleichzeitig. Die Anzahl der festen Schleusenwärter wurde drastisch gesenkt (durch Nichtbesetzung freiwerdender Stellen oder zukünftigen Einsatz als Wartungspersonal). Bestimmte Schleusenstrecken werden von mobilen Teams betreut, welche den Booten von Schleusung zu Schleusung folgen – das können zwei, aber auch zwanzig Schleusen sein.

Unbemannte Schleusen an den kleineren Wasserstraßen

„Selbermachen“ heißt es bei manchen Schleusen an den kleineren Wasserstraßen, wie z.B. im westlichen Abschnitt des Canal de Nantes à Brest, auf der Charente und der Seille. An der letzten bemannten Schleuse erhält man eine Kurbel, für die man eventuell eine Kaution hinterlegen muss, und ein Merkblatt mit Anleitungen zur Bedienung der Schleusen.

Wendebecken nach den Schleusen
Meistens im Unterwasser der Schleusen, sind diese Becken aufgrund zurückgehender Berufsschifffahrt verlandet bzw. verkrautet. Sportboote sollten vom Befahren Abstand nehmen.

Schleusenzeiten
Zur Törnplanung muss man auch wissen, dass nach Dunkelwerden bzw. während der Monate, in denen es länger hell bleibt, nach 19.30 Uhr nicht mehr gefahren werden soll. Geschleust wird im Allgemeinen im Hochsommer zwischen 6.30 Uhr und 19.30 Uhr. Wenn die Tage kürzer werden, macht auch der Schleusenwärter eher Feierabend. An gesetzlichen Feiertragen sind die Schleusen außer Betrieb.
Außer in Notfällen ist es für Yachten sinnlos, bei Dunkelheit von einer Schleuse zur nächsten zu fahren; falls man es doch tun muss, sind die vorschriftsmäßigen Navigationslichter zu führen und die Geschwindigkeitsbeschränkungen zu beachten.
Im Allgemeinen arbeiten die Schleusen zu folgenden Stunden:
– vom 1. April bis 30. September: 6.30 bis 19.30 Uhr
– vom 1. Oktober bis 30. November: 7.00 bis 18.00 Uhr
– vom 1. Dezember bis 31. Januar: 7.30 bis 17.30 Uhr
– im Februar: 7.00 bis 18.00 Uhr
– im März: 7.00 bis 19.00 Uhr.
Auf der Seine zwischen Port à l'Anglais und Cléon wird ganzjährig von 7 bis 19 Uhr geschleust.
Auf der Rhône unterhalb Lyon wird ganzjährig von 5 bis 21 Uhr geschleust.
Die Kanäle von Paris haben eigene Schleusenzeiten, die bei der zuständigen Behörde zu erfragen sind. Anschrift und Telefonnummer siehe unter: Kanäle von Paris.
Aktuelle Schleusenzeiten sind der Motorboot-Fachpresse, z.B. der Zeitschrift „boote", zu entnehmen.

Schleusenruhe
An folgenden Feiertagen sind die Schleusen außer Betrieb: 1. Januar, 1. Mai, 14. Juli, 1. November, 11. November, 25. Dezember sowie am Oster- und Pfingstsonntag.
Auf dem Canal de la Marne à la Saône ist ganzjährig sonntags Schleusenruhe. Auf dem Canal de Bourgogne ist ganzjährig am Mittwoch Schleusenruhe. Ausnahmen sind möglich.

Schifffahrtssperren (Chômages)
Die französischen Behörden sperren meist in den Sommermonaten einzelne Wasserwege von ein paar Tagen bis zu mehreren Wochen Dauer wegen Reparatur- und Unterhaltungsarbeiten. Der Sperrplan wird jährlich etwa im März festgelegt und kann dann bei folgender Anschrift erfragt werden (Rückumschlag oder Adressaufkleber mitsenden): Ministère des Transports, Direction des Voies Navigables, 244, Boulevard Saint-Germain, F-75007 Paris. Die Zeitschrift „boote" sowie der Deutsche Motoryachtverband e. V., Vinckeufer 12–14, 47119 Duisburg, geben jährlich im Frühjahr eine Übersicht mit den Sperrungen der französischen Wasserwege heraus.

Aa

Der kanalisierte Fluss Aa erstreckt sich von Saint-Omer bis zum Nordseehafen Gravelines (zwischen Calais und Dünkirchen); seine Länge beträgt knapp 29 km. Die letzten 0,7 km dieses Wasserweges gelten als Seestraße und unterstehen dem Hafenamt Gravelines. In Saint-Omer hatte der Aa ursprünglich Anschluss an den Canal de Neuffossé (ehemals Canal d'Arques à Saint-Omer), aber mit dem Ausbau zur Großschifffahrtsstraße zwischen Dünkirchen und der Schelde (Escaut) in den 1960er-Jahren wurde die Anordnung der Wasserstraßen in diesem Gebiet gänzlich verändert. Bei Saint-Omer wurde ein Umgehungskanal angelegt und ein Teil der früheren Durchgangsstrecke für die Schifffahrt gesperrt, sodass man ins Zentrum von Saint-Omer jetzt nur noch über den Canal de Neuffossé, ein Teilstück des Großschifffahrtsweges Dünkichen–Schelde (D–S), gelangen kann.
Die ersten 2,1 km des Flusses Aa (von St.-Omer bis zur Anschlussstelle der Hauptstrecke des Großschifffahrtsweges Dünkirchen–Schelde) sind für die Schifffahrt gesperrt. Die Schleuse in Haut-Pont ist seit Jahren außer Betrieb, und der gesamte Abschnitt verschlickt immer mehr.
Von der Anschlussstelle bei km 2,1 ist der Aa auf einer Länge von 8 km bis zur Ortschaft Watten ausgebaut und in den Großschifffahrtsweg D–S einbezogen worden.
Das Flüsschen Houlle stellt eine erfreuliche Bereicherung dar, denn es beschert dem Bootsurlauber vier schleusenfreie Kilometer vom Aa (bei km 118,1) bis zur Ortschaft Houlle.
Hinweise für die Navigation zwischen Gravelines und der Nordsee entnehmen Sie bitte den amtlichen Seekarten und Handbüchern.

Adour und Nebenflüsse

Der Adour und seine Nebenflüsse sind ein attraktives Bootsrevier, obwohl es keine Verbindung zum Hauptwasserstraßennetz hat. Bis 1979 war der Fluss offiziell auf der 133 km langen Strecke von Saint-Sever bis zur Mündung in den Golf von Biskaya in der Nähe von Bayonne schiffbar. Wegen der unsicheren Schifffahrtsbedingungen in den oberen Flussabschnitten, besonders oberhalb der Grenze des Gezeiteneinflusses, geschieht das Befahren der Strecke oberhalb von km 101 – von Saint-Sever bis zur Einmündung der Gaves Réunis in Bec-du-Gave – auf eigene Gefahr, da sie nicht instand gehalten wird und auch keine Schifffahrtszeichen aufgestellt sind. Stromabwärts von Bec-du-Gave bis zur Brücke Saint-Esprit in Bayonne ist wenigstens ein Minimum der üblichen Schifffahrtszeichen vorhanden. Der Schiffsverkehr ist hier auf Fischerboote und zwei Ausflugsdampfer beschränkt.
Bereits stromaufwärts des Nebenflusses Luy (km 79) und besonders oberhalb von Dax (km 67) macht der geringe Wasserstand in der regenarmen Zeit zwischen Juni und Oktober die Flussfahrt unmöglich. Darüber hinaus hat sich in Dax, gleich talwärts der Brücke Pont Vieux, eine natürliche Schwelle im Flussbett gebildet, sodass man durch Dax nur fahren kann, wenn der Fluss Hochwasser führt. In trockenen Sommern gleicht der Adour oberhalb von Pontonx (km 42) einem bescheidenen Rinnsal zwischen den Sandbänken.
Der Einfluss der Gezeiten ist stark spürbar. Springtiden mit hoher Amplitude machen sich bis hinauf nach Dax (km 67) bemerkbar, manchmal auch bis Pont-de-Pouy (km 61) oder, seltener, bis nach Pontonx (km 42). Normale Gezeiten wirken sich bis Vimport (km 77, oberhalb der Einmündung des Luy) aus, die Höhen variieren, je nach Amplitude, zwischen 1 m und 4,2 m in der Mündung und zwischen 1 m und 3 m bei Urt (km 111).
Von Dax (km 67) bis zur Einmündung des Luy muss man gut auf Untiefen und auf zahlreiche, in die Fahrrinne hineinragende Buhnen achten. Vom Luy bis zum Zusammenfluss mit den Gaves Réu-

nis findet man, speziell bei Hochwasser, größere Tiefen vor, doch empfiehlt es sich in jedem Fall in den Außenkurven zu fahren. Zwischen Bec-du-Gave und Bayonne gibt es keine Hindernisse, fahren Sie aber keinesfalls bei starkem Ebbstrom unter der alten Brücke Pont Saint-Esprit im Zentrum von Bayonne hindurch.
Von der Mündung oder vom Yachthafen Anglet-Blancpignon kommend, nutzt man klugerweise die Flut, die Fahrt von Bayonne nach Dax verläuft dann viel problemloser. Bis hinauf nach Vimport braucht man etwa 4 Stunden.
Für das Mündungsgebiet besorgen Sie sich bitte die passenden Seekarten, da sich die Sandbänke dort häufig verlagern.

Aisne

Der kanalisierte Fluss Aisne ist von seiner Verbindung mit dem Canal latéral à l'Aisne bei Celles (ca. 15 km östlich von Soissons) bis zu seinem Zusammenfluss mit der Oise bei Bouches d'Aisne (ein kurzes Stück flussaufwärts von Compiègne) etwa 57 km lang. Bevor dieser Seitenkanal (Canal latéral) gebaut wurde, fuhr man auf dem Fluss bis zur Anschlussstelle an den Canal des Ardennes.

Canal latéral à l'Aisne

Der Canal latéral à l'Aisne (Aisne-Seitenkanal*)* bildet ein 51 km langes Verbindungsglied zwischen dem Canal des Ardennes in Vieux-lès-Asfeld und dem kanalisierten Fluss Aisne in Celles. Er verbindet außerdem den Canal de l'Aisne à la Marne in Berry-au-Bac und den Canal de l'Oise à l'Aisne in Bourg-et-Comin. Das macht diesen Seitenkanal zu einer sehr wichtigen Wasserstraße, denn sein mittlerer Abschnitt wird sowohl vom ost-westgehenden wie vom nord-südgehenden Verkehr benutzt.

Canal de l'Aisne à la Marne

Der Canal de l'Aisne à la Marne wurde 1866 eröffnet und verläuft vom Canal latéral à l'Aisne in Berry-au-Bac zum Canal latéral à la Marne in Condé-sur-Marne. Er hat eine Länge von 58 km und steigt 40 m zur Kathedralenstadt Reims und seiner 95,7 m hohen Scheitelhaltung hinauf, bevor er wieder 23,8 m ins Marnetal hinabsteigt. Bei Mont-de-Billy führt die Kanalstrecke durch einen 2302 m langen Tunnel.
Schiffe, die den Tunnel passieren wollen, dürfen folgende Abmessungen nicht überschreiten: Tiefgang 2,20 m, Breite 5,00 m und Höhe 3,70 m. Der Schleppservice im Tunnel wurde bereits in den siebziger Jahren eingestellt, nachdem das Lüftungssystem installiert worden war, und alle Boote fahren mit Maschinenkraft durch den Tunnel. Achten Sie auf die Lichter, die den Einbahnverkehr regeln. Es kann zu Wartezeiten bis zu einer Stunde kommen.

Canal des Ardennes

Der Canal des Ardennes wurde im Jahre 1833 eröffnet und zweigt in Pont-à-Bar (ein Stück bergwärts von Charleville-Mézières) von der kanalisierten Maas (Meuse) ab, die – solange sie auf französischem Gebiet fließt – den nördlichen Teil des Canal de l'Est bildet. Er quert die Wasserscheide zwischen der Maas und der Aisne und verläuft dann im Aisnetal, wo er in Vieux-lès-Asfeld Anschluss an den Canal latéral à l'Aisne hat. Die Entfernung von der Maas zum Canal latéral à l'Aisne beträgt 88 km. Von der Ortschaft Semuy führt ein 12 km langer Zweigkanal zu der kleinen Stadt Vouziers.
In Saint Aignan gibt es einen 197 m langen Tunnel, der nur im Einbahnverkehr durchfahren werden kann. Die Reihenfolge bei der Durchfahrt richtet sich nach der Ankunft am jeweiligen Tunnelende,

wo man (talwärts im Becken, bergwärts an Pfählen) nur so lange festmachen darf, bis man in den Tunnel einfahren kann. In diesem Tunnel wird der Verkehr nicht gelenkt. Daher ist es wichtig, die vorgeschriebenen Lichter zu führen, damit man von den Booten, die an der entgegengesetzten Tunneleinfahrt eintreffen, deutlich gesehen wird.

Canal d'Arles à Fos

Dieser Kanal, der parallel zur Rhône verläuft, beginnt in Arles am östlichen Rhône-Ufer und endet nach 31 km am Anschluss zum neuen Canal du Rhône à Fos. Er ist so gut wie unbenutzt. Als in den 1970er-Jahren an der Verbindung zum neuen Kanal ein Absperrdamm gebaut wurde, ging die Bedeutung als Durchgangsstrecke verloren. Heute dient dieser Kanal in erster Linie als Entwässerungskanal für das Gebiet südöstlich von Arles. Aber sogar als Sackgasse ist die Strecke noch interessant, da sie schöne Ausblicke auf den einsamen Landstrich von La Crau bietet.

Durch die große Rhône-Schleuse in Arles gelangt man in den Kanal, zum Hafenbecken von Arles und zu einer Bootswerft. Bei km 2,5, in der Nähe der Schleuse Montcalde, quert die Klappbrücke, die Vincent van Gogh gemalt hat. Ab hier untersteht der Kanal der Verwaltung des Port Autonome de Marseille. In Le Relai endet der Schifffahrtsweg. Von hier wurde einst Salz die Rhône hinauf verschifft.

Durch die Versandung der Zufahrtsschleuse in Arles war der Kanal zwei Jahre nicht zugänglich. Nach umfangreichen Ausbaggerungen und Reparaturarbeiten kann man nun das geräumige Hafenbecken von Arles wieder erreichen. Hier findet man eine Bootswerft und zahlreiche andere Versorgungseinrichtungen. Auch wenn man den Kanal theoretisch bis Le Relai befahren kann, ist das Ende der Schiffbarkeit tatsächlich in der Ortschaft Mas-Thibert (km 18,5) erreicht.

Baïse

Die Baïse, ein kanalisierter linker Nebenfluss der Garonne, ist über eine Strecke von 65 km voll schiffbar: vom Zusammenfluss mit der Garonne bei Saint-Léger bis zur Moulin de Camarade oberhalb Valence-sur-Baïse. Früher konnte man sogar bis zum kleinen Flusshafen St. Jean-de-Poutge, 21 km und 8 Schleusen weiter flussaufwärts, vordringen.

1955 wurde die Schifffahrt auf der Baïse aufgegeben und der Fluss auf fast der gesamten Strecke an die Uferanlieger verkauft. Als Schwerpunkt für die Entwicklung von Tourismus in dieser ländlichen Gegend, in der es nach Armagnac und Getreide duftet, wurde der Fluss für den Bootsverkehr wieder instand gesetzt. Das obere Ende der Schiffbarkeit in Valence wurde mit Bedacht gewählt: das bedeutende Zisterzienserkloster Flaran erhebt sich am linken Flussufer, kurz bevor man den kleinen Ort erreicht.

Die Baïse verbindet den Canal latéral à la Garonne durch eine doppelte Schleusentreppe bei Buzet-sur-Baïse und den schiffbaren Fluss Lot über einen 5 km langen Abschnitt der Garonne unterhalb der doppelten Zufahrtsschleuse bei Saint-Léger.

Das Fahren auf diesem ruhigen, schattigen Fluss, wo man in die Geschichte des Landes eintauchen kann, ist überaus lohnend und ein schöner Gegensatz zu den geraden Strecken auf dem Seitenkanal.

Canal de Bergues

Der Canal de Bergues ist einer der ältesten Kanäle Flanderns. Sein Verlauf ist bereits auf einer Karte aus dem 9. Jahrhundert verzeichnet. Der Kanal ist gut 8 km lang und verbindet die Ortschaft Bergues, die Ende des 17. Jahrhunderts von Vauban befestigt wurde, mit dem Hafen von Dünkirchen; das Hafenbecken von Dünkirchen erreicht er über den kurzen Canal de Jonction (siehe unter „Canal de Furnes“). Der Canal de Bergues ist touristisch gesehen sehr lohnend, da man unmittelbar vor der mauergegürteten mittelalterlichen Stadt Bergues in malerischer Umgebung festmachen kann.

Blavet

Der kanalisierte Fluss Blavet ist eine der Verbindungsmöglichkeiten zum Kanalsystem der Bretagne. Um Zugang zum strategisch wichtigen Ort Pontivy zu bekommen, wurde diese Wasserstraße auf Befehl Napoleons 1802 gebaut. In Pontivy (km 206) besteht Verbindung zum Canal de Nantes à Brest und von dort verläuft der Wasserweg weiter bis Hennebont. Insgesamt beträgt die Länge 60 km. Ab der letzten Schleuse in Polvern, 2 km vor Hennebont, ist der Fluss gezeitenabhängig und zählt zu den Seestraßen. Nach weiteren 14 km unterhalb von Hennebont führt der Blavet zum Fischerei- und Handelshafen Lorient und zum Atlantischen Ozean.
Von Pontivy bis Hennebont fährt man durch eine außergewöhnlich schöne Heidelandschaft, aus der stellenweise Granitwände emporragen.

Canal de Bourbourg

Der Canal de Bourbourg ist ein 21 km langes Verbindungsglied zwischen dem Fluss Aa, dem Canal de Jonction und dem Canal de Furnes, einer Seestraße im Hafengebiet von Dünkirchen (siehe unter Canal de Furnes).
Früher stellte dieser Kanal die Hauptverbindung zwischen Hafen und Hinterland dar und reichte bis in das Gebiet um Paris hinein, aber jetzt ist der Großschifffahrtsweg Dünkirchen–Schelde (D–S) an seine Stelle getreten. Lediglich ein Abschnitt von 1,6 km wurde ausgebaut und in den Großschifffahrtsweg D–S eingegliedert (zwischen km 9,3 und 10,9).
Weitere Hinweise finden Sie im Abschnitt Großschifffahrtsweg Dünkirchen–Schelde.

Canal de Bourgogne

Der 242 km lange Canal de Bourgogne (Burgund-Kanal) verbindet die Yonne bei Laroche-Migennes mit der Saône in Saint-Jean-de-Losne. Diese großartige Strecke ist zugleich die schleusenreichste auf dem Weg von der Seine zum Mittelmeer, denn der Kanal muss zu einer 378,50 m hohen Scheitelhaltung aufsteigen, der höchsten in Frankreich.
Diese Hürde beinhaltet den 3337 m langen Tunnel bei Pouilly-en-Auxois, der zu beiden Seiten durch Schleusenkanäle mit Einbahnverkehr erweitert wurde. Der Schleppservice im Tunnel für Lastschiffe von mehr als 3,10 m Höhe ist eingestellt worden. Alle Boote passieren den Tunnel nun mit eigener Motorkraft und müssen dabei die vorgeschriebenen Lichter führen, einen Scheinwerfer benutzen, eine Hupe oder ein Nebelhorn und Rettungswesten für alle Personen an Bord haben. Die Genehmigung dazu holt man sich bei der Schleuse 1Y (Pouilly-en-Auxois), wenn man aus der Yonne kommt, oder bei Schleuse 1S (Escommes), wenn man aus der Saône einläuft.
Sobald der Tunnelwärter sich vergewissert hat, dass die Strecke frei ist, gibt er das Zeichen zum Einfahren. Fahren Sie ohne Zwischenstopp mit einer Geschwindigkeit von 6 km/h, um die Scheitelhaltung so schnell wie möglich freizumachen.
Für die meisten Skipper ist dies der schönste Kanal in Mittelfrankreich – ein Grund, warum hier so viele Hotelschiffe verkehren. Man sollte sich nicht durch die vielen Schleusen abschrecken lassen, denn die Mühe wird durch die einmalige Schönheit der Landschaft reichlich belohnt, und es gibt viele Sehenswürdigkeiten am Kanal oder nicht weit davon entfernt zu besichtigen.

Canal de Briare

Der Canal de Briare, einer der ältesten Kanäle Europas, der eine Wasserscheide überquert, wurde bereits 1642 fertig gestellt. Ursprünglich schuf er eine Verbindung zwischen der Loire in Briare und dem Fluss Loing, an einer Stelle 5 km nördlich von Montargis. Jahrhundertelang war er die „Lebensader" von Paris, denn auf ihm gelangten die Lebensmitteltransporte aus dem Loiretal in die Hauptstadt. Dann wurde der Canal latéral à la Loire (Loire-Seitenkanal) gebaut, sein berühmter Aquädukt führt in Briare vom linken zum rechten Loire-Ufer, und so entstand die Verbindung mit dem Canal de Briare in La Cognardière – 2,6 km und 4 Schleusen bergwärts von der ehemaligen Verbindungsstelle mit der Loire.
Die „umgangene" Strecke auf dem Canal de Briare wurde zunächst aufrechterhalten, dann aber, als der Güterverkehr einschlief, stillgelegt. In den 1980er-Jahren wurde sie wieder instand gesetzt, und nun können Boote zum wunderschönen Hafenbecken in der Stadtmitte von Briare durchschleusen, in dem eine sehr attraktive Marina entstanden ist.

Canal de Calais

Der Canal de Calais ist 29,5 km lang: von Le West, wo er Anschluss an den Fluss Aa hat, bis zum Hafen von Calais. Drei seiner Zweigkanäle führen zu den kleinen Städten Audruicq (2,4 km), Ardres (4,8 km) und Guînes (6,2 km), die am Rand der Ebene von Flandern liegen.
Die Hauptstrecke wird noch regelmäßig für den Güterverkehr genutzt, und so fanden in den 1990er-Jahren Ausbauarbeiten statt, um den Kanal für Schiffe mit einer Ladekapazität von 600 t nutzbar zu machen.
Trotz dieser Veränderungen ist der Kanal ein attraktiver Wasserweg geblieben; die Zustände auf den Zweigkanälen lassen jedoch in mancherlei Hinsicht zu wünschen übrig. Die Hubbrücken auf dem Zweigkanal von Guînes sind außer Betrieb, sodass dieser Abschnitt nur auf 900 m befahrbar ist. Wegen Versandungen beträgt der Tiefgang auf allen drei Zweigkanälen höchstens noch 1,00 m.

Canal du Centre

Der Canal du Centre wurde 1790 für die Schifffahrt freigegeben; zu dieser Zeit war er einer der ersten Kanäle in Mittelfrankreich, die eine Wasserscheide überquerten. Von der Saône in Chalon-sur-Saône steigt er zu seiner etwas mehr als 300 m hoch gelegenen Scheitelhaltung auf, bedient das Kohlenbergwerks- und Industriegebiet um Le Creusot/ Montceau-les-Mines, bis er dann etwas sanfter nach Digoin, zur Anschlussstelle an den Canal latéral à la Loire, hinabsteigt. Seine Gesamtlänge beläuft sich auf 112 km.

Charente und Boutonne

Die Charente, eines der schönsten Gebiete zum Wasserwandern, beschert uns 164 schiffbare Kilometer von Angoulême bis zum Atlantik. Die letzten 24 km vom kleinen Seehafen Tonnay-Charente sind das gezeitenabhängige Mündungsdelta. Nach offizieller Auslegung erfolgt das Befahren oberhalb von Tonnay-Charente auf eigenes Risiko, weil dieser Flussabschnitt bereits in den 1940er-Jahren von der „Liste der schiffbaren Wasserstraßen" gestrichen wurde. Doch das ist schon lange überholt, denn die Départements Charente und Charente-Maritime, denen die Verwaltung obliegt, haben die Schiffbarkeit auf der gesamten Strecke wiederhergestellt und bemühen sich tatkräftig, die Fahrrinne und alle anderen Einrichtungen instand zu halten. Praktische und attraktive Anlegemöglichkeiten sind in vielen Städten und

Ortschaften entstanden. Einige Charterfirmen haben sich an der Charente angesiedelt, dazu kommen Ausflugsboote, die von den größeren Städten zu Tagesfahrten starten. Und obwohl die Charente keine Verbindung zu den übrigen Binnenwasserstraßen hat, kommen auch Sportboote immer häufiger hierher.

Die Boutonne, ein attraktiver Nebenfluss, ist 29 km weit schiffbar: von der Mündung in die Charente bei km 128 bis zur kleinen Stadt St.-Jean-d'Angély. Die Strecke beinhaltet vier Schleusen, die in den achtziger Jahren wiederhergestellt worden sind.

Von der See bis km 134 wird der Fluss als Zufahrtsweg zu den Häfen von Rochefort und Tonnay-Charente angesehen, Sportboote müssen das Hauptfahrwasser der Berufsschifffahrt überlassen, und auch das Ankern in der Fahrrinne ist verboten.

Cher und Canal de Berry

Um 1830 wurde der Fluss Cher auf einer Länge von 130 km von der Einmündung in die Loire westlich von Tours bis nach Vierzon kanalisiert. Nach Fertigstellung des Canal de Berry, dessen nördlicher Teil von Vierzon bis hinunter nach Noyers-sur-Cher parallel zum Fluss verläuft, hielt man diesen Flussabschnitt nicht mehr instand. Derzeit ist der Canal de Berry nur auf den letzten 12 km zwischen Selles-sur-Cher und Noyers-sur-Cher schiffbar. Der kanalisierte Fluss Cher ist von Noyers-sur-Cher bis nach Larçay auf eine Länge von 54,4 km schiffbar. Auf der wiedereröffneten Strecke des Cher sind 14 Schleusen zu passieren. Auf der schiffbaren Strecke des Canal de Berry sind 6 Schleusen zu überwinden. Hat man die bemannte erste Schleuse in Noyers passiert, müssen die restlichen Schleusen eigenständig betätigt werden. Die 8 Schleusen auf dem Cher in Loire-et-Cher sind automatisiert und können mit einem elektronischen Schlüssel fernbedient werden. Die entsprechenden Geräte erhält man gegen Gebühr bei der zuständigen Behörde. Die 6 Schleusen in Indre-et-Loire werden von Schleusenwärtern von Hand bedient.

Dordogne

Die Dordogne war einst vom Wehr von Bergerac bis zum Zusammenfluss mit der Garonne in Bec d'Ambès befahrbar. Heute können die ersten 14 km unterhalb des Wehrs nicht mehr befahren werden, und so beginnt die schiffbare Strecke erst in Saint-Pierre-d'Eyraud, 12 km flussaufwärts der kleinen Ortschaft Sainte-Foy-la-Grande. Bis Castillon-la-Bataille (km 39) ist die Dordogne ein frei fließender Fluss, und das bedeutet Flussschifffahrt mit all ihren Listen und Tücken. Ab Castillon-la-Bataille machen sich die Gezeiten bemerkbar. Die Strecke von Saint-Pierre-d'Eyraud bis zum Zusammenfluss mit der Garonne ist 118 km lang.

Für Sportboote sind in den größeren Ortschaften und Städten Möglichkeiten zum Festmachen geschaffen worden.

Dunkerque–Escaut

Großschifffahrtsweg Dünkirchen–Schelde (mit Schifffahrtsweg Bauvin–Lys)

Der Großschifffahrtsweg Dünkirchen–Schelde (abgekürzt: GSW D–S) wurde gegen Ende der 1960er-Jahre fertig gestellt, um eine Verbindung zwischen dem regen Nordseehafen Dünkirchen und den Industriegebieten um Denain und Valenciennes (an der Schelde) für Schubverbände mit großer Ladekapazität zu schaffen. Diese Großschifffahrtsstraße, von den Berufsschiffern „La Liaison" genannt, ist 143 km lang: von der Schleuse von Pont Malin (der offiziellen Anschlussstelle an die Schelde, 500 m vom tatsäch-

lichen Anschluss entfernt) bis zur Schleuse von Mardyck (Einfahrt in den Hafen von Dünkirchen). Der wichtige Schifffahrtsweg Bauvin–Lys führt bei km 54 von der Hauptstrecke zum Binnenhafen von Lille und zum Fluss Lys; seine Länge beträgt 35 km. Der Abschnitt zwischen der Schleuse Quesnoy und Deûlémont wurde erst vor kurzem auf Großschifffahrtsnorm gebracht. In den Großschifffahrtsweg und seinen Zweigkanal Bauvin–Lys sind zahlreiche ehemalige Kanäle eingegliedert worden, die man erweitert, begradigt und durch neue Kanalstücke (Dérivations) miteinander verbunden hat.
Auf dem GSW D–S herrscht starker Berufsschiffsverkehr. Beim Begegnen oder Überholen großer Binnenschiffe oder der 3000-Tonnen-Schubverbände ist größte Vorsicht geboten, da manche Kanalabschnitte ziemlich eng sind. Man sollte dann von den Gelegenheiten Gebrauch machen, in den schwellfreien Bereichen außerhalb des Hauptfahrwassers zu ankern.

Der alte Verlauf des **Canal de la Sensée** ist sehr interessant. Er erstreckt sich über eine Distanz von 3,7 km von der kanalisierten Schelde bis zu km 3 des Kanals und schließt das von der Industrie nicht mehr genutzte *Bassin Rond* ein, das groß genug zum Jollensegeln und für andere Wassersportarten ist. Der Kai am linken Ufer eignet sich vorzüglich zum Festmachen.

Der **Canal de Lens** verläuft in einem Industriegebiet. Seit der obere Abschnitt beim Bau neuer Straßen und eines Autobahnkreuzes zugeschüttet wurde, erreicht er nicht einmal mehr die Stadt Lens. Er ist 8,6 km lang von der Abzweigung von der Hauptstrecke (km 44) bis zu seinem Ende an einem riesigen Autobahnkreuz östlich von Lens und bedient mehrere Industriekais. Auch wenn die meisten Industriekais dieses ehemaligen Bergbaugebietes nicht mehr benutzt werden, kann das Wasser des Kanals verschmutzt sein. Von den Bootsliegeplätzen an den Schwimmstegen des städtischen Parks in Courcelles abgesehen, ist dieser Wasserweg für Sportboote ohnehin kaum von Interesse.

Der **alte Kanal durch La Bassée** bietet eine weitere Möglichkeit, in ruhigere Gewässer zu entfliehen. Er zweigt bei km 58,6 von der Hauptstrecke ab; bei km 61,0 vereint er sich wieder mit ihr. Die Umgehungsstrecke ist 2,6 km lang und hält Liegeplätze für Boote in günstiger Entfernung vom Zentrum der kleinen Stadt bereit.
Ein weiterer attraktiver Zweigkanal, der **Canal de Beuvry,** verläuft in einer Gegend mit überraschend ländlichem Charakter, da in diesem Revier keine Kohle mehr gefördert wird. Seine eigentliche Länge beträgt 2,5 km. Wäre da nicht die Hubbrücke bei km 1,9, die sich nicht mehr öffnen lässt, könnte man auf ihm vom Abzweig von der Hauptstrecke bei km 66,9 bis nach Beuvry gelangen. So bleiben nur 0,6 km zum Befahren übrig, die aber zum Erkunden lohnen. Gleich neben besagter Hubbrücke liegt ein Café, bequem zu erreichen.
Der **Canal de Seclin** geht bei km 8,4 vom Bauvin–Lys-Schifffahrtsweg ab. Offiziell ist er nicht mehr schiffbar und hat sich daher zu einem Anglerparadies entwickelt, weil durch das Becken an seinem Ende in der Stadt Seclin frisches Quellwasser einströmt. Das einzige „Schifffahrtshindernis“ scheinen hier die Angler zu sein. Der schmale Kanal mit seinen schattigen Ufern führt geradewegs durch Rübenfelder und ist tatsächlich ideal zum Wasserwandern.

Escaut (Schelde)

Der kanalisierte Fluss Escaut beginnt in Cambrai, wo er Anschluss an den Canal de Saint-Quentin hat. Die Schelde führt durch die Industriegebiete um Denain und Valenciennes, bevor sie bei Mortagne – in ziemlich unberührter Landschaft – die belgische Grenze überquert, eine Strecke von

59 km. Die Schelde fließt dann an den Seehäfen Gent und Antwerpen vorbei und mündet in die Nordsee.
Auf diesem Fluss fuhren schon immer schwere Lastkähne, denn er gehört zur Verbindungsstrecke zwischen Paris und Nordfrankreich, Belgien und den Niederlanden. Seitdem die Schelde jedoch auf internationale Norm (für 3000-Tonnen-Schubverbände) ausgebaut wurde, und zwar von der Verbindung mit dem Schifffahrtsweg Dünkirchen-Schelde (Schleuse Pont Malin) bis zur belgischen Grenze, hat ihre Bedeutung als kommerziell genutzter Schiffahrtsweg noch zugenommen.
Bei km 31,6 hat die Schelde am rechten Ufer Verbindung zum Canal de Pommerœul à Condé (er ersetzt den ehemaligen Canal de Mons à Condé) und am linken Ufer bei km 44,4 an den kanalisierten Fluss Scarpe. Bei der Begradigung der Schelde sind mehrere Nebenarme entstanden, von denen einige noch schiffbar sind.
Von ihrer Bedeutung für den Binnenschiffsverkehr abgesehen, ist die Schelde ein recht interessanter Wasserweg. Ein Großteil der Fabriken, die die Ufer rechts und links säumen, ist stillgelegt worden, und so fließt der Fluss heute auf fast seiner gesamtem Länge durch eine recht ländliche Gegend.

Canal de l'Est (Maas)

Der Canal de l'Est wurde nach dem Deutsch-Französischen Krieg in den Jahren 1874–1882 erbaut, um westlich der besetzten Gebiete Elsass und Lothringen eine Nord-Süd-Verbindung für die Industriegebiete um Nancy und Toul auf dem Wasser zu schaffen. Der Kanal verbindet die kanalisierte Maas (Meuse) in Belgien mit der Mosel (Moselle) und der Saône.
Er wird in zwei Abschnitte eingeteilt:
1. Der nördliche Teil von Givet nach Troussey.
2. Der südliche Teil von Neuves-Maisons nach Corre, der heute im Allgemeinen „Canal des Vosges“ genannt wird.

Der nördliche Teil
Dieser Teil besteht in der Hauptsache aus der kanalisierten Maas (Meuse). Talwärts von Charleville-Mézières, wo der Kanal tief in das Hügelgebiet der Ardennen einschneidet, fährt man durch atemberaubende Landschaften. Der Wasserweg erstreckt sich von der belgischen Grenze bei Givet nach Süden und verbindet den Canal de la Marne au Rhin bei Troussey: eine Strecke von insgesamt 272 km.

Der südliche Teil (Canal des Vosges)
Dieser Teil hatte bei Toul ursprünglich Anschluss an den Canal de la Marne au Rhin (20 km östlich der Kreuzung in Troussey). 1979 jedoch wurde er durch die kanalisierte Mosel auf der 26 m langen Strecke zu den Stahlwerken in Neuves-Maisons ersetzt, damit die größten Schubverbände vom Rhein zu den Stahlwerken von Neuves-Maisons gelangen können (jetzt wird hier nur noch Altmetall transportiert).
Der südliche Teil des Canal de l'Est, der von Neuves-Maisons bis zur Saône bei Corre verläuft, ist 122 km lang und in „Canal des Vosges“ umbenannt worden. Er folgt dem Moseltal bis nach Épinal, von dort steigt er steil zu einer Höhe von 360 m empor – zur zweithöchsten Scheitelhaltung in Frankreich (die höchste hat der Canal de Bourgogne). Der Abstieg zur Saône erfolgt durch das schluchtenartige Coney-Tal und ist ausgesprochen malerisch.
Zwei Kanäle zweigen ab:
1. Der Verbindungskanal von Nancy (siehe unten).
2. Der Zweigkanal nach Épinal: Er ist 3 km lang bis zur Stadt Épinal und zweigt am Fuß der Schleusentreppe bei Golbey (km 83) von der Hauptstrecke ab.

Canal de Furnes

Der Canal de Furnes legt zusammen mit dem kurzen Canal de Jonction, der eigentlich eine Seestraße im Hafen von Dunkerque ist, 14,5 km vom Canal de Bourbourg und vom Canal de l'Ile Jéant bis zur belgischen Grenze zurück, wo er dann Canal de Nieuport à Dunkerque genannt wird. In Dunkerque (Dünkirchen) hat der Canal de Furnes auch Verbindung zum Canal de Bergues.
In Nieuport besteht Anschluss an das belgische Binnenwasserstraßennetz, und die malerische Stadt Furnes (Veurne) ist nur 7,5 km von der Grenze entfernt.

Garonne und Gironde

Die Garonne entspringt in den Pyrenäen und war früher bis oberhalb von Toulouse schiffbar, doch sie wurde niemals kanalisiert, daher ist die Flussschifffahrt heute auf den Abschnitt talwärts der Einmündung der Baïse, am linken Ufer bei Saint-Léger beschränkt. Von dort bis nach Nicole, einer Strecke von 4,7 km, wurde der Fluss schiffbar gemacht, indem man Versandungen oberhalb des Zusammenflusses mit dem Lot ausbaggerte. Somit bietet der Fluss eine schiffbare Verbindung zwischen der Baïse und dem Lot. Von Nicole bis Castets-en-Dorthe, einer Strecke von 73 km, entstehen durch die ständigen Verlagerungen des Flussbettes Schifffahrtshindernisse, und auch die Tiefen variieren erheblich. Abgesehen von ganz leichten Booten ist Schifffahrt nur an manchen Stellen möglich
Ab Castets-en-Dorthe, der Verbindung mit dem Canal latéral à la Garonne, ist die Garonne gezeitenabhängig und voll schiffbar. Flussabwärts von diesem Punkt gehört der Fluss zu jenem Hauptwasserweg Südfrankreichs, der den Atlantik mit dem Mittelmeer verbindet.
In Bec d'Ambès mündet am rechten Ufer die Dordogne ein, der Fluss wird merklich breiter und erhält den Namen Gironde. Von Castets-en-Dorthe bis nach Bordeaux sind es 54 km. Bec d'Ambès liegt weitere 25 km stromabwärts, und die Gironde ist von Bec d'Ambès bis zur See 71 km lang.

Canal latéral à la Garonne

Der Garonne-Seitenkanal, Canal latéral à la Garonne, wurde 1856 als Umgehung für den nur mit Schwierigkeiten zu befahrenden Fluss Garonne eröffnet; er ist 194 km lang und erstreckt sich von Toulouse, wo er Anschluss an den Canal du Midi hat, bis nach Castets-en-Dorthe, wo er auf die gezeitenabhängige Garonne trifft. Er bildet ein wichtiges Glied in der 600 km langen Verbindung vom Atlantik durch Südfrankreich zum Mittelmeer und entwickelt sich außerdem zu einem beliebten Sportbootrevier, da der Kanal auch Verbindungen zum kanalisierten Lot sowie in Buzet-sur-Baïse zur Baïse bietet.
Von der strategischen Bedeutung seiner Verbindung zum Mittelmeer abgesehen, sind noch vier seiner Zweigkanäle schiffbar geblieben. Der Canal de Brienne ist von Port de l'Embouchure bis zu seiner Einmündung in die Garonne, etwas oberhalb des Bazacle-Wehr in Toulouse, 1,6 km lang. Dieser Zweigkanal, der zur Wasserstandsregulierung auf dem Hauptkanal dient, wird regelmäßig von Ausflugsdampfern befahren. Die Schleuse, die in die Garonne führt, wird normalerweise nicht für Sportboote bedient. Im Unterwasser der Schleuse gibt es leider kein Wendebecken, und so haben Boote, die länger als 8,0 m sind, ihre Mühe, hier zu drehen. Der zweite und wichtigste Zweigkanal ist 11 km lang und geht von Montech nach Montauban, wo er Verbindung zum Fluss Tarn hatte, der heute leider nicht mehr befahrbar ist. Dieser Zweigkanal musste 1996 geschlossen werden, da es an den Ufern Sickerstellen gab.

Der Canal latéral à la Garonne wurde vom Architekten Vauban entworfen, und man begegnet eindrucksvollen Konstruktionen wie zum Beispiel dem Aquädukt über den Tarn bei Moissac sowie dem über die Garonne bei Agen.
1974 wurde der erste Wasserkeil (Schiffshebewerk) der Welt, mit dem die Berufsschifffahrt die Schleusentreppe bei Montech umgeht, eröffnet.

Canal du Havre à Tancarville

Der Canal du Havre à Tancarville wurde ursprünglich als Seekanal gebaut und im Jahr 1887 eröffnet. Er war als Umgehung für die schwierige, 27 km lange Strecke in der Seinemündung, von der Hängebrücke von Tancarville bis zu den Hafenbecken von Le Havre, gedacht.
Binnenschiffe müssen ihn heute noch benutzen, Sportschiffer fahren lieber die Seinemündung hinauf, selbst bei rauem Wetter. Für das Befahren der Seinemündung und den Canal du Havre à Tancarville sollten die entsprechende Seekarte und Seehandbücher benutzt werden.

Canaux d'Hazebrouck

Canaux d'Hazebrouck heißt ein Kanalsystem, das aus vielen kleinen Wasserstraßen besteht. Es erstreckt sich über 23 km und verbindet die kleine Stadt Hazebrouck mit dem kanalisierten Fluss Lys bei Thienne (km 5) und bei Merville (km 19).
Das gesamte Kanalsystem wurde für die Schifffahrt gesperrt und an die örtlichen Behörden übergeben. Der Zugang zu diesen Kanälen wird noch immer instand gehalten, obwohl es derzeit keine Planungen für deren Wiedereröffnung gibt.

Hérault

Der Fluss Hérault ist 12 km weit schiffbar, und zwar von Bessan bis nach Le Grau d'Agde am Mittelmeer. Die 7 km lange Binnenstrecke flussaufwärts von Agde bis zur Mühle von Bessan ist besonders schön; ein Teilstück davon wird vom Canal du Midi genutzt. Stromabwärts von Agde zählt der Hérault zu den Seeschifffahrtsstraßen (Hérault Maritime).
Das Wehr bei Agde umgeht man über dieses kleine Stück des Canal du Midi und die bemerkenswerte runde Schleuse von Agde, durch die man in einen geraden Zweigkanal (Descente dans l'Hérault) einfährt, der oberhalb der Brücke auf den Hérault Maritime trifft.

Canal des Houillères de la Sarre

Der Saar-Kohlen-Kanal, Canal des Houillères de la Sarre, zweigt bei Gondrexange (km 227) vom Canal de la Marne au Rhin (Rhein-Marne-Kanal) ab. Zunächst führt er durch ein ausgedehntes Waldgebiet mit vielen Seen und kommt dann durch das Saartal nach Sarreguemines (Saargemünd) herunter, wo er Verbindung zum Fluss hat. Die kanalisierte Saar ist jenseits der deutschen Grenze bis oberhalb von Saarbrücken schiffbar, wo sie bei km 63,40 in den Saar-Kohlen-Kanal einmündet.
Der Kohlen-Kanal ist 63 km lang, dazu kommen noch die 12 km der kanalisierten Saar auf französischem Gebiet, das ergibt zusammen 75 km. Trotz seines Namens, den der Kanal der Tatsache verdankt, dass auf ihm hauptsächlich Kohlen aus den Bergwerken um Saarbrücken transportiert wurden, kann man ihn als recht hübsches Revier bezeichnen, denn er führt hauptsächlich durch ländliches Gebiet.
Seitdem der Ausbau der 90 km oberhalb von Saarbrücken bis zur Mosel abgeschlossen ist, ist eine durchgängige Fahrt von der Mosel bei Trier mög-

lich. Damit hat die Bedeutung des Flusses für den Berufsschiffsverkehr noch erheblich zugenommen, denn nun können Schubverbände vom Rhein direkt zu den Industriezentren gelangen.
Diese „Durchgangsstrecke“ bietet jedoch reizvolle Möglichkeiten, einen Bootsurlaub zu verbringen.

Canal d’Ille-et-Rance

Der Canal d’Ille-et-Rance quert die Wasserscheide zwischen der Vilaine und der Rance in der Bretagne und bildet dadurch einen Teil der Binnenwasserstraßenverbindung vom Ärmelkanal zum Atlantischen Ozean, die von Yachten sehr gerne benutzt wird. In den letzten Jahren hat sich dieser Wasserweg auch zu einem eigenständigen Fahrtrevier gemausert. Der Kanal ist 85 km lang und führt von Rennes bis zur Schleuse von Le Châtelier, nördlich von Dinan. Von dort fährt man weiter durch das gezeitenabhängige Mündungsgebiet der Rance (siehe „Rance Maritime“).
Die Scheitelhaltung des Canal d’Ille-et-Rance ist 7 km lang und liegt 65 m hoch; bei Trockenheit kann es zu Beschränkungen bei der Schleusenbenutzung kommen. Auf der Rance sind die Gezeiten bis zur Schleuse 46 (Pont-Perrin) spürbar, wenn die Wehre von Le Châtelier und Léhon überspült sind.

Isle

Die Isle war früher oberhalb ihres Zusammenflusses mit der Dordogne bei Libourne auf einer 144 km langen Strecke bis zur Stadt Périgueux kanalisiert. Die Bauten und Einrichtungen sind jedoch seit vielen Jahren stillgelegt, sodass heute nur noch 31 km im gezeitenabhängigen Teil des Flusses von Libourne bis zur ersten Schleuse 40 in Laubardemont schiffbar sind.
In den vergangenen Jahren wurden die untersten 3 Schleusen wiedereröffnet; sie werden heute regelmäßig von Ausflugsschiffen benutzt. Durch diese Entwicklung sind 10 km zur bisherigen schiffbaren Strecke dazugekommen, sodass man nun bis Schleuse und Wehr in La Pauillade kommen könnte, wenn es Privatbooten erlaubt wäre, diesen Wasserweg zu benutzen. Nichtsdestotrotz ist die Wiedereröffnung der Isle bis zum historischen Ende der Schiffbarkeit in Périgueux geplant.

Lez

Der Lez ist ein kurzer, manchmal aber etwas unberechenbarer Fluss, der Ende des 17. Jahrhunderts kanalisiert wurde, damit die größere Stadt Montpellier, die knapp 10 km entfernt liegt, per Schiff zu erreichen war. Als Teil großzügiger Expansionspläne der Stadt Richtung Osten auf den Fluss zu, entwarf der Archtiekt Riccardo Boffil einen Hafen am historischen Endpunkt der Schiffbarkeit. Dieser sollte vom Abzweig des Canal du Rhône à Sète (bei km 75,2) durch die drei wieder instand gesetzten alten Schleusen sowie den ausgebaggerten Fluss zu erreichen sein.
Die praktische Umsetzung dieser ambitionierten Pläne erwies sich jedoch als schwierig: Insbesondere die Unverträglichkeit von Flutschutzmaßnahmen und Schiffbarkeit bremsten die Wiedereröffnung des Flusses für die Schifffahrt, sodass bisher nur die ersten 5 km vom Abzweig aus dem Kanal befahren werden können. Durch die eine restaurierte Schleuse erreicht man die Marina Port-Ariane in Lattes. Die Wiedereröffnung des restlichen Flussabschnitts bis Montpellier wird weiterhin diskutiert.
Die ersten 2 km des Lez, die sich zwischen den Lagunen hindurchwinden, sind äußerst reizvoll. Anschließend wird der Fluss rechts und links von hohen Flutschutzmauern umschlossen, die keinerlei Möglichkeiten zum Anlegen bieten, bis die

Schleuse erreicht ist. Die Einfahrt zur Marina hinter der Brücke von Méjean ist gut bezeichnet.
Dieser kleine Abstecher vom Canal du Rhône à Sète ist sehr zu empfehlen, nicht weil das Befahren des Lez so besonders interessant wäre, sondern vielmehr wegen der hervorragenden Liegeplätze in der Marina, die von der Firma Locaboat betrieben wird und jeden erdenklichen Service (bis auf Treibstoff) bietet. Von hier kann man Montpellier bequem einen Besuch mit dem Bus abstatten.

Canal du Loing

Der Canal du Loing ist einer von vielen Kanälen, die die „Bourbonen-Route" von Paris nach Lyon bilden. Er beginnt nördlich von Montargis, bei der Schleuse von Buges, wo er an den Canal de Briare anschließt, führt durch das schöne Loing-Tal, wobei er an zwei Stellen das Flussbett benutzt, und hat bei Saint-Mammès Verbindung zur Seine. Seine Gesamtlänge beträgt 49 km.

Loire

Die Loire ist der längste Fluss Frankreichs und einer der schönsten – wer hat noch nicht von den prächtigen Schlössern an ihren Ufern gehört –, aber sie ist sehr schwierig zu befahren. Früher war sie 880 km weit von der See bis nach La Noirie schiffbar. Sie führt jedoch während des größten Teils des Jahres nur wenig Wasser, und das verteilt sie auf ein breites Flussbett. In vielen Abschnitten fällt die Tiefe daher auf 0,25 m. Bei Hochwasser steigt der Wasserstand rapide an, und die reißende Strömung bringt Gefahren für die Schifffahrt, sobald Tiefen von 2 m erreicht sind. Daher werden die Obere und Mittlere Loire seit langem nicht mehr befahren, mit Ausnahme von zwei Stellen, an denen das Wasser durch Wehre zurückgehalten wird:

1. Bei Roanne: Dort kann man aus dem Canal de Roanne à Digoin in ein kurzes schiffbares Stück Loire hineinfahren.
2. Bei Decize: Dort ist die Loire 1,7 km weit schiffbar vom Decize-Zweigkanal des Canal latéral à la Loire zum Canal du Nivernais.

Voll schiffbar ist die Loire erst (und auch das mit Einschränkungen) ab der Einmündung der Maine bei Bouchemaine. Sie stellt damit eine 84 km lange Verbindung zwischen der Maine und ihren befahrbaren Nebenflüssen (Mayenne, Oudon und Sarthe) und dem Canal de Nantes à Brest in Nantes her. Die Entfernung von Bouchemaine bis zur See (Hängebrücke von St. Nazaire) beträgt 138 km.
Die Binnenwasserstraße endet beim Seehafen von Nantes, denn das Mündungsgebiet der Loire zählt zu den Seestraßen. Für das Befahren des Mündungsgebiets müssen entsprechende Seekarten und Seehandbücher zurate gezogen werden.

Canal latéral à la Loire

Der Loire-Seitenkanal, Canal latéral à la Loire, wurde im Jahr 1838 eröffnet und führt von Digoin, wo er sich mit dem Canal du Centre vereint, bis nach Briare. Ursprünglich querte er den Unterlauf der Loire, doch nicht einmal die eigens dafür errichteten Leitdämme konnten verhindern, dass die Schifffahrt bei zu hohem oder zu niedrigem Wasserstand zeitweise eingestellt werden musste. Daher wurde im Jahr 1896 ein Umgehungskanal gebaut, zu dem auch der spektakuläre Aquädukt von Briare gehört, und der sich im Tal der Trézée fortsetzt, bis er sich dann in La Cognardière mit dem Canal de Briare vereint. In dieser ausgebauten Form ist der Loire-Seitenkanal 196 km lang.
Als ein Teil der „Bourbonen-Route" stellt er eine wichtige Wasserstraßenverbindung zwischen der Seine und der Saône dar; in den letzten Jahren wurden groß angelegte Instandhaltungsarbeiten durchgeführt, um seine Schiffbarkeit aufrechtzuerhalten

und die schadhaften Ufer zu befestigen. In Digoin, bei km 2, verbindet er sich mit dem Canal de Roanne à Digoin, beim km 64 führt er mithilfe des Decize-Zweigkanals über die ausgebaggerte Fahrrinne der Loire in den Canal du Nivernais. Früher stellte der Loire-Seitenkanal bei km 121 in Marseilles-les-Aubigny eine Verbindung zum bemerkenswerten Kanalsystem Canal de Berry her, die leider seit 1955 gesperrt ist.

Fünf Zweigkanäle stehen weiterhin für die Schifffahrt zur Verfügung. Der sechste hier aufgeführte Zweigkanal bei Châtillon-sur-Loire war früher die Hauptstrecke des Kanals und führte hinunter zu der Stelle, wo er die Loire querte.

1. Dompierre-Zweigkanal (bei km 25), 2,7 km lang, keine Schleusen; führt zur kleinen Stadt Dompierre-sur-Besbre.
2. Decize-Zweigkanal (bei km 64), 0,5 km lang, 2 Schleusen (mit dem Hafenbecken von Decize, verbindet die Loire mit dem Canal du Nivernais).
3. Nevers-Zweigkanal (bei km 96), 2,8 km lang, 2 Schleusen, die dritte Schleuse zur Loire hinunter ist in ein Schwimmbecken umgewandelt worden.
4. Givry-Fourchambault-Zweigkanal (bei km 115), 2,4 km lang, 2 Schleusen; verbindet den Loire-Seitenkanal mit der Loire.
5. Saint-Thibault-Zweigkanal (bei km 156), 0,7 km lang, eine Schleuse (frühere Verbindung zur Loire, stillgelegt).
6. Châtillon-Zweigkanal (km 183), 4,6 km lang, 3 Schleusen, nur an Sommerwochenenden bis zum großen Becken in Les Mantelots geöffnet, das erst jüngst wiederentdeckt wurde. Die Instandsetzung der Loire-Querung und des Kanals am rechten Ufer zum Hafen von Briare wird derzeit noch diskutiert.

Der Canal latéral à la Loire kann sich dreier Aquädukte rühmen, die sehr schön sind; der erste führt bei Digoin über die Loire und ist 240 m lang; der zweite bei le Guétin über den Allier ist 334 m lang und der dritte bei Briare führt wiederum über die Loire und hat die stattliche Länge von 660 m. In den Aquädukten wird der Schiffsverkehr im Einbahnstraßensystem abgewickelt.

Lot

Der Lot ist einer der längsten kanalisierten Flüsse in Frankreich; die gesamte schiffbare Strecke beträgt von der Garonne in Nicole (bei Aiguillon) bis zum kleinen Dorf Livinhac, wenige Kilometer vom Industriezentrum Decazeville entfernt, nicht weniger als 260 km. Im Tagebau wird hier Kohle abgebaut, die für die Stahl- und andere Schwerindustrie im Südwesten Frankreichs benötigt wird. Das daraus resultierende Verkehrsaufkommen war denn auch der Grund für den Ausbau der Wasserstraße, der im frühen 19. Jahrhundert begann. Ab 1830 wurde eine ganze Serie von Schleusen und Wehren gebaut. Zeitgleich entstanden Schleusenkanäle, die die weit ausgreifenden Flussschleifen in Luzech, Cajarc, Montbrun und Capdenac im oberen Teil des Flusses abschnitten und die Länge der Wasserstraße um 13 km verkürzten.

Mit dem Aufkommen der Eisenbahn als konkurrierendes Verkehrsmittel verlor die Schifffahrt auf dem Lot – wie auf den anderen Flüssen im Südwesten Frankreichs auch – an Bedeutung. 1926 wurde der Fluss von der Liste der schiffbaren Wasserwege gestrichen.

Die Wiedereröffnung des Lot als Wasserweg gehört zu den spektakulärsten Projekten der französischen Binnenwasserstraßen. 1990 wurde zunächst ein 64 km langer Abschnitt zwischen Luzech und Crégols restauriert. Dieser Abschnitt, dessen Zentrum die Stadt Cahors darstellt, wurde sehr schnell zu einem beliebten Ziel für Bootsferien, aber auch an den Ufern des bis dahin vernachlässigten Flusses entwickelte sich Tourismus. Daher entschlossen sich alle drei Départements, die der Lot durchfließt, entsprechende Mittel aufzubringen, um dessen vollständige Wiederherstellung zu erreichen. 1993 wurde das Vorhaben von

der französischen Regierung abgesegnet und mit einem millionenschweren Budget ausgestattet.
Die Arbeiten zur Wiederherstellung konzentrieren sich seitdem auf das Département Lot et Garonne, in dem 2004 sämtliche Arbeiten abgeschlossen sein sollen (siehe auch unter „Baïse“).
Seit 2002 sind zwei separate Abschnitte des Lot wieder schiffbar: ein 64 km langes Teilstück im Département Lot und ein 74 km langer Abschnitt vom Zusammenfluss mit der Garonne bis flussabwärts des Staudamms in Fumel. Diese Teilstrecken werden zwar in separaten Unterpunkten behandelt, sind in der Entfernungstabelle aber bereits im Hinblick auf die Wiedereröffnung der gesamten Strecke von 266 km als Ganzes dargestellt: von Nicole bis Port d'Agrès. Tatsächlich liegt diese Ortschaft 6 km hinter dem ehemaligen Endpunkt der Schiffbarkeit.

1. Abschnitt: Nicole bis Fumel
Die erste schiffbare Strecke auf dem Lot, von der Schleuse Nicole bis zum Damm von Fumel, ist 78 km lang. Die Schleuse Nicole führt von der Garonne in einen 2,4 km langen Kanal („Canalet“), der den Zusammenfluss von Lot und Garonne umgeht. Danach verläuft das Fahrwasser auf dem gesamten Abschnitt im Flussbett.
Sanft gewellte Hügel säumen das breite Tal, interessante Städte und Ortschaften liegen an den Ufern. Landwirtschaft und Obstplantagen sind typisch für die Region.
Die Becken, die beim Dammbau in den fünfziger Jahren entstanden sind, werden seit langem für den Wassersport genutzt. Le Temple-sur-Lot ist ein Rudersport-Zentrum von internationalem Ruf. Die Ausmaße des Beckens von Villeneuve gestatten sogar Motorbootfahren und Wasserski.
Es muss ausdrücklich darauf hingewiesen werden, dass das Befahren des Lot auf eigenes Risiko geschieht, da dieser Wasserweg nicht mehr staatlichen Behörden unterstellt ist.
Skipper sind selbst dafür verantwortlich, sich über Durchfahrtshöhen von Brücken und Wassertiefen in Bezug auf die Wasserstände des Flusses zu informieren.

2. Abschnitt: Fumel nach Luzech
Die Instandsetzungsarbeiten von km 78 bis 84,5 schreiten voran. Die 8 m tiefe Schleuse beim Damm des Wasserkraftwerkes Fumel soll 2004 fertig gestellt sein. Von km 84,5 bis nach Luzech müssen 11 Schleusen wieder betriebsfähig gemacht werden. Der ehemalige Schleusenkanal durch die Stadt wurde zugeschüttet und bildet heute unter anderem den charakteristischen Marktplatz.

3. Abschnitt: Luzech bis Crégols
Dieser Abschnitt bietet durchgehende Schiffbarkeit auf 64 km Länge, die Strecke beginnt 500 m oberhalb des 6 m hohen Dammes neben dem Wasserkraftwerk in Luzech (km 128,0) und setzt sich stromaufwärts durch Cahors bis 100 m unterhalb des Wehrs von Crégols (km 191,7), nahe der interessanten, auf dem Kamm eines Kliffs sitzenden Ortschaft St. Cirq-Lapopie, fort.
Vielseitigkeit und Schönheit der Landschaft machen die Fahrt zu einem besonderen Erlebnis: steile Sandsteinkliffe, hübsche, enge Schleusenkanäle, ursprüngliche Dörfer, Weinberge – und die wunderbare Lage der Ortschaft Cahors in einer langen Flussschleife.
Zurzeit hat dieser Abschnitt zwar noch keine Verbindung zu anderen schiffbaren Binnenwasserstraßen, dennoch gibt es hier vier Charterfirmen, und es verkehren verschiedene Ausflugsboote, denn dieser Teil des Lot hat sich zu einem der beliebtesten Bootsreviere in Frankreich gemausert.

4. Abschnitt: Crégols bis Port d'Agrès
Auf diesem Abschnitt, der drei Abkürzungskanäle mit Tunnels in Cajarc, Montbrun und Capdenac beinhaltet, sind bisher noch keine Arbeiten geplant. Die ersten beiden Tunnel sind von Wasser-

kraftwerken übernommen worden, was bedeutet, dass recht umfangreiche Arbeiten vonnöten sind, um die Schiffbarkeit wiederherzustellen. Die Verlängerung der Wasserstraße vom ursprünglichen Ende der Schiffbarkeit in Livinhac bis nach Port d'Agrès macht zudem den Bau einer tiefen Schleuse beim Wasserkraftwerk Marcenac nötig.
Dieser obere Abschnitt wird, wenn er einmal fertig gestellt ist, durch eine eindrucksvolle Landschaft bis ins Herz des Massif Central führen: von den weißen Kalksteinklippen von Quercy zu den dunkleren grauen Schieferhügeln des Aveyron. Die Zeugen der industriellen Vergangenheit dieser Gegend sind überall gegenwärtig; sie machen diesen Teil des Wasserweges noch interessanter.

Lys (Leie)

Der kanalisierte Fluss Lys verläuft von der Anschlussstelle an den Großschifffahrtsweg Dünkirchen–Schelde in der Nähe von Aire-sur-la-Lys (km 93) bis zu seiner Einmündung in die Schelde bei Gent in Belgien. In der Entfernungstabelle ist seine Länge mit 65 km bis nach Halluin/Menin angegeben, denn talwärts dieser Stelle führt er anschließend durch belgisches Gebiet.
Auf den 24 Kilometern zwischen Armentières und Halluin/Menin bildet die Lys selbst die Grenze zwischen Frankreich und Belgien, wobei das rechte Ufer auf französischem, das linke Ufer auf belgischem Gebiet liegt. Die beiden Länder sind übereingekommen, den gemeinsamen Abschnitt auszubauen, um eine Großschifffahrtsverbindung zu dem neu ausgebauten Canal de la Deûle herzustellen (Bauvin– Lys-Schifffahrtsweg). Die Deûle fließt bei Deûlémont (km 48) in die Lys.
Zwischen Aire-sur-la-Lys und Armentières fährt man durch das ländliche Flandern. In der „abgeschnittenen" Flussschleife bei Prés Duhem in der Nähe von Armentières und unweit der Stadt Halluin sind Bootshäfen gebaut worden. Unterhalb des bedeutenden Industriezentrums von Armentières und insbesondere auf dem Großschifffahrtsweg muss mit dichtem Berufsschiffsverkehr gerechnet werden.

Marne

Die Marne ist von Épernay bis zu ihrer Mündung in die Seine bei Charenton schiffbar. Seit sie jedoch in Dizy, 5 km stromabwärts von Épernay, mit dem Canal latéral à la Marne verbunden wurde, betrachtet man Dizy als den Beginn der Hauptstrecke, während das nicht kanalisierte Stück der Marne, das nach Épernay hinaufreicht, als Zweigkanal gilt. Die schiffbare Strecke von Dizy bis Charenton ist 178 km lang. Der untere Lauf der Marne wird an manchen Stellen durch Kanalstücke umgangen, die zumeist noch unter ihrem eigenen Namen bekannt sind: Bei Meaux fährt man in den **Canal de Meaux à Chalifert** hinein und trifft bei Chalifert wieder auf die Marne. Dieser Kanal ist 12 km lang und hat drei Schleusen; zwischen den letzten beiden in der Nähe von Chalifert liegt ein 290 m langer Tunnel. Für Talfahrer ist die Tunneldurchfahrt durch Lichter geregelt, für Bergfahrer ist der Schleusenwärter der Schleuse 14 zuständig.
Der **Canal de Chelles** ist 9 km lang, von Vaires-sur-Marne (km 155) bis nach Neuilly-sur-Marne (km 164); an jedem Ende liegt eine Schleuse.
Der **Canal Saint-Maur** durchsticht eine lange Schleife der Marne zwischen Joinville-le-Pont und Maisons-Alfort. Er ist 1,2 km lang, die ersten 600 m verlaufen in einem Tunnel. Die Durchfahrt wird hier durch Lichter geregelt.

Canal latéral à la Marne

Der Marne-Seitenkanal, Canal latéral à la Marne, beginnt bei der Verbindungsstelle mit dem Canal

de la Marne au Rhin nordöstlich von Vitry-le-François und hat Anschluss an die kanalisierte Marne bei Dizy-Magenta; seine Gesamtlänge beträgt 67 km. Die ersten zwei Kilometer verlaufen in einem Kanalbett, das in den 1960er-Jahren zur Umgehung der Stadt Vitry-le-François gebaut wurde. Seitdem wurde ein Teil der ursprünglichen Kanalstrecke ab einer Dreiwegeverbindung (mit den Kanälen zur Saône und zum Rhein) nahe dem Stadtzentrum von Vitry-le-François zugeschüttet. Die kurze verbleibende Strecke interessiert Sportskipper nur wenig; wenn man nach Vitry-le-François will, macht man besser am Canal de la Marne à la Saône fest.
In Condé-sur-Marne (km 48) trifft der Marne-Seitenkanal auf den Canal de l'Aisne à la Marne.

Canal de la Marne au Rhin

Der Rhein-Marne-Kanal, Canal de la Marne au Rhin, einer der meistbefahrenen Kanäle Frankreichs, wurde im Jahr 1853 fertig gestellt. Er war bis zum Jahr 1979 auch der Längste in Frankreich (313 km), bis 1979 die 23 Kilometer zwischen Frouard und Neuves-Maisons, die im Moseltal verlaufen, im Zuge der Kanalisierungsarbeiten an der Mosel für die Schifffahrt geschlossen wurden.
Die Strecke von den Verbindungsstellen mit dem Canal de la Marne à la Saône und dem Canal latéral à la Marne in Vitry-le-François zum Hafen von Straßburg setzt sich so zusammen:
a) Canal de la Marne au Rhin (Rhein-Marne-Kanal), Westabschnitt (km 0–131). Dieser Abschnitt hat Verbindung zum nördlichen Teil des Canal de l'Est bei Troussey (km 111) sowie dem kurzen Zweigkanal nach Houdelaincourt (km 85).
b) Die kanalisierte Mosel, in die man durch eine neue Schleuse gelangt, von Toul bis Frouard; das ergibt 25 km.
c) Canal de la Marne au Rhin, Ostabschnitt, von Frouard nach Straßburg (km 154–313). Dieser Abschnitt hat Verbindung zum Nancy-Zweigkanal des Canal de l'Est bei Laneuveville-devant-Nancy (km 169) und zum Canal des Houillères de la Sarre in Gondrexange (km 228).
Der Rhein-Marne-Kanal überquert zwei Wasserscheiden; die Mauvages-Scheitelhaltung zwischen der Marne und der Mosel liegt 281 m und die Vogesen-Scheitelhaltung zwischen der Meurthe und dem Rhein 267 m hoch. Zur ersten Scheitelhaltung gehört der 4877 m lange Mauvages-Tunnel, zur zweiten gehören zwei kurz aufeinander folgende Tunnel am östlichen Ende, und zwar in Niderviller mit einer Länge von 475 m und in Arzviller mit 2307 m. Ein vierter Tunnel in Foug ist 867 m lang und durchsticht die niedrige Wasserscheide zwischen Maas und Mosel. Früher gab es noch einen 388 m langen Tunnel bei Liverdun, doch dieser liegt an der Strecke, die jetzt durch die kanalisierte Mosel umgangen wird. In Mauvages müssen Sie sich durch den Tunnel treideln lassen. Sportboote kommen hinter dem letzten Fahrzeug der Berufsschifffahrt an die Reihe.

Canal de la Marne à la Saône

Der Canal de la Marne à la Saône stellt zusammen mit der kanalisierten Marne und dem Canal latéral à la Marne den dritten Haupt-Schifffahrtsweg durch Mittelfrankreich zwischen Paris und Lyon dar (die anderen beiden sind die Bourbonen-Route und die Strecke durch das Burgund). Er beginnt in Vitry-le-François, wo er Verbindung zum Rhein-Marne-Kanal hat, nicht weit von der Stelle, wo Letzterer sich mit dem Marne-Seitenkanal trifft, überquert die Hochebene von Langres und führt durch das Vingeanne-Tal zur Oberen Saône, zu einem Schleusenkanal bei Heuilley-sur-Saône.
Der Canal de la Marne à la Saône ist 224 km lang und ist, was die Kilometerzahl betrifft, Teil der

längsten Verbindung Paris–Lyon; dafür ist die Anzahl der Schleusen geringer als auf den anderen beiden Strecken. Das ist der Tatsache zu verdanken, dass der Kanal erst 1907 fertig gestellt wurde und dass die durchschnittliche Tiefe in den Schleusen größer ist als in den älteren Kanälen (Canal du Centre und Canal de Bourgogne). Er stellt außerdem die bei weitem zweckmäßigste Verbindung von Nordfrankreich zur Saône dar. Seltsamerweise wird er nur wenig befahren, von Booten auf der Durchreise abgesehen.
Die Scheitelhaltung des Canal de la Marne à la Saône ist 10 km lang, sie liegt südlich von Langres, 340 m hoch, und schließt den Tunnel von Balesmes ein, der 4820 m lang ist.
Bei Condes (km 106) verläuft ein weiterer Tunnel, der übrigens, sieht man von den Kanälen in Paris einmal ab, der einzige im französischen Binnenwasserstraßennetz ist, der ausreichend breit ist (18 m), sodass man von beiden Seiten gleichzeitig durchfahren kann. Die Durchfahrt ist daher auch keinen besonderen Regelungen unterworfen.

Mayenne-Maine

Die Mayenne ist ein hübscher, gut zu befahrender Fluss im Gebiet Anjou; sie wird von der Berufsschifffahrt nicht mehr genutzt, dafür umso mehr von Sportbooten. Die Mayenne wurde im 19. Jahrhundert von der Stadt gleichen Namens bis zu ihrer Einmündung in die Loire bei Bouchemaine kanalisiert und war ursprünglich 134 km lang. Jahrelang waren die ersten 26 km der Mayenne nicht schiffbar, denn die 17 Schleusen in diesem Abschnitt waren unbemannt und in schlechtem Zustand. Im Rahmen eines Investitionsprogramms wurden alle Schleusen wiederhergestellt, und so können Boote wieder bis zum Städtchen Mayenne vordringen. Stromaufwärts von Laval ist die Strecke jedoch nur für Boote mit niedrigen Aufbauten geeignet.
Gleich oberhalb der Stadt Angers mündet die Sarthe in die Mayenne; hier ändert sie ihren Namen in Maine.
Ein Nebenarm, die Vieille (Alte) Maine, stellt unterhalb von Montreuil-Belfroy eine Verbindung zur Sarthe her. Will man mit seinem Boot von einem Fluss zum anderen fahren, spart man auf dieser Nebenstrecke 5 km, verglichen mit der Strecke, die über den Zusammenfluss führt. Außerdem werden es viele Crews vorziehen, Angers zu besuchen, da die Stadt alle Versorgungseinrichtungen zu bieten hat.

Maas (Meuse)

Die Maas (Meuse) gehört zu den großen schiffbaren Flüssen Europas. In Frankreich und Belgien ist sie durchgängig kanalisiert; in der niederländischen Provinz Limburg hat man einen Seitenkanal, den Juliana-Kanal, gebaut, um bis zum Rheindelta fahren zu können.
Die Maas wird an dieser Stelle nur der Vollständigkeit halber genannt, da sie – solange sie durch französisches Gebiet fließt – den nördlichen Abschnitt des Canal de l'Est darstellt (siehe unter **Canal de l'Est**).

Canal du Midi

Der Canal du Midi, entworfen und erbaut von Pierre-Paul Riquet in den Jahren 1662–1681, stellt eine herausragende Ingenieurleistung dar, die seit 1996 zum Weltkulturerbe gehört; zudem ist der Kanal einer der beliebtesten Binnenwasserstraßen Frankreichs. Von Toulouse, wo er an den Canal latéral à la Garonne anschließt, bis zu seiner Einmündung in den Etang de Thau, einer geschützten Lagune, durch die man in den Mittelmeerhafen Sète und zum Canal du Rhône à Sète gelangt, beträgt die Strecke 240 km.
Von Toulouse steigt der Kanal durch das große

Getreideanbaugebiet Lauragais zu einer kurzen Scheitelhaltung auf 190 m Höhe, dem Col de Naurouze, hinauf. Mithilfe des von ihm selbst erdachten genialen Systems ist es P.-P. Riquet gelungen, eine großzügige Wasserversorgung für den Canal du Midi zu gewährleisten. Heute, nach 300 Jahren, sind das große Wasserbecken Reservoir Saint-Ferréol und die Versorgungskanäle Rigole de la Montagne, 24 km, und Rigole de la Plaine, 35 km, noch immer voll funktionsfähig. Ein imposanter Obelisk erinnert an den genialen Erbauer.

Leider haben Bewässerungen im großen Stil in Verbindung mit Instandhaltungsproblemen und der daraus resultierenden Wasservergeudung sowie eine Reihe von besonders regenarmen Jahren dieses System vor einigen Jahren über die Grenzen seiner Möglichkeiten strapaziert, weshalb zusätzliche Reserven geschaffen wurden (ein neues Reservoir in Montbel, das das Reservoir von Ganguise durch Schwerkraft auffüllt), sodass die Funktionsfähigkeit des Kanals im Prinzip sogar während trockener Sommer garantiert ist. Östlich der Wasserscheide beginnt der Abstieg zum Mittelmeer, die Strecke führt an den Städten Castelnaudary und Carcassonne vorbei. Bei Fonsérannes, in der Nähe von Béziers, umgeht ein modernes Schiffshebewerk (Wasserkeil) die ehemalige Schleusentreppe aus sechs bzw. sieben Schleusen, übrigens das zweite technische Bauwerk dieser Art in Frankreich nach dem Wasserkeil bei Montech am Garonne-Seitenkanal, welcher 1974 eingeweiht wurde.

Der Tunnel von Malpas, der erste Kanaltunnel der Welt, ist 161 m lang und an der Wasseroberfläche 6,45 m breit. Er befindet sich in einer ungewöhnlich langen Kanalhaltung, die nicht unerwähnt bleiben darf: 54 km ohne Schleusen!

Ein wichtiger Nebenarm ist der 37 km lange Zweigkanal von La Nouvelle; er führt von km 168 an der Hauptstrecke (Sallèles) zum Industriehafen Port-la-Nouvelle.

Ein anderer kurzer Zweigkanal, der „Abstieg" zum Hérault maritime (Descente dans l'Hérault) führt von der runden Schleuse von Agde zum Hérault-Fluss und ermöglicht damit einen weiteren Zugang zum Mittelmeer. Östlich der Schleuse von Agde benutzt dieser Kanal 1 km lang das Flussbett des Hérault (siehe unter **Hérault**).

Mosel

Die Mosel ist eine moderne Wasserstraße, sie ist kanalisiert und auf Europastandard Klasse IV gebracht worden (für 1500-Tonnen-Schiffe und 3000-Tonnen-Schubverbände). Der in Frankreich liegende Abschnitt ist 152 km lang und erstreckt sich vom Stahlindustriegebiet Neuves-Maisons bei Nancy bis zur Grenze nach Luxemburg und Deutschland bei Apach. Die Gesamtlänge dieses Schifffahrtsweges bis zur Einmündung in den Rhein bei Koblenz beträgt 394 km.

Bis zum Ende des Zweiten Weltkrieges war die Mosel in Luxemburg und Deutschland ein schwer zu befahrender Fluss, auch in Frankreich war nur ein kleines Stück zwischen Frouard und Metz für Schiffe mit einer Länge von 38,50 m kanalisiert. Im Jahr 1932 wurde die schiffbare Strecke im Moseltal von Metz nach Thionville (Diedenhofen) durch einen kunstvollen Kanal, den Canal des Mines de Fer de la Moselle (Mosel-Erzkanal) verlängert.

Aufgrund eines internationalen Übereinkommens wurde die Mosel in den Jahren 1956–64 von Koblenz bis Thionville durchgehend kanalisiert, und um dieselben Schifffahrtsbedingungen auch bis Metz zu schaffen, wurde der Mosel-Erzkanal ausgebaut. Im Anschluss daran baute man den Großschifffahrtsweg auch oberhalb von Metz aus: 1972 wurde Frouard, 1979 Neuves-Maisons angeschlossen. Als Folge dieses Projekts schloss man eine Strecke des Rhein-Marne-Kanals; ein Teil des Canal de l'Est, Südabschnitt, wurde der neuen Großschifffahrtsverbindung angegliedert. Die kanalisierte Mosel hat Anschluss an den Canal de l'Est,

Südabschnitt, bei Neuves-Maisons (km 394), an den Rhein-Marne-Kanal, Westabschnitt, bei Toul (km 369) und an den Rhein-Marne-Kanal, Ostabschnitt, bei Nancy-Frouard (km 346,5).

Canal de Nantes à Brest

Der Canal de Nantes à Brest wurde in den Jahren 1804–1842 als strategische Verbindung zwischen den beiden Seehäfen eingerichtet. Zu diesem Zweck wurden mehrere Flüsse kanalisiert, drei Kanalabschnitte gebaut, um Wasserscheiden zu überqueren, und so entstand eine Binnenwasserstraße, die 360 km lang ist.

Leider wurde diese außergewöhnliche Route im Jahr 1920 unterbrochen, da ein kleines Stück westlich der Stelle, an der sich der Kanal mit dem kanalisierten Blavet in Pontivy verbindet, ein Kanalabschnitt vom Staubecken und dem Wasserkraftwerk bei Guerlédan (km 227) geschluckt wurde.

Die gesamte Strecke westlich von Guerlédan wurde im Jahr 1957 offiziell gesperrt, und die verbleibenden 21 km zwischen Pontivy und Guerlédan sind seither ebenfalls stillgelegt.

Während der vergangenen zwanzig Jahre hat sich die Lage jedoch glücklicherweise verbessert, auch wenn es immer wieder Rückschläge gab, wie beispielsweise die verheerenden Unwetter 1994/95 und 1999/2000.

Die Wassertiefen sind jedoch immer noch problematisch, was daran liegt, dass das Geld für notwendige Baggerarbeiten erst aufgebracht werden muss. Teile des westlichen Abschnitts mussten daher aufgegeben werden, weil es an Mitteln für Reparatur und Unterhalt fehlte. Nichtsdestotrotz wird die Bedeutung der bretonischen Kanäle für den Tourismus durchaus gesehen, und so wird es nicht zuletzt der Kampagne des Comité des canaux bretons zu verdanken sein, wenn sich der Plan, den Wasserweg komplett wiederherzustellen, erfüllt.

1. Abschnitt: Nantes bis Pontivy

Der wichtigste Abschnitt des Canal de Nantes à Brest, insgesamt 206 km lang, bietet zwei verschiedene Zufahrtswege vom Englischen Kanal zum Golf von Biskaya zusätzlich zur direkten Strecke über den Fluss Vilaine. In Redon, dem Knotenpunkt der bretonischen Wasserstraßen, hat man die Wahl, von der Schleuse Bellions (95 km von der Verbindung in Redon) in Richtung Südosten nach Nantes (89 km) zu fahren; wobei die letzten 22 km dieser Strecke vom Fluss Erdre gebildet werden, der breit ist, beinahe Mündungscharakter hat und zu den schönsten Flüssen Frankreichs zählt, und von da über die Loiremündung zur See nach Saint-Nazaire. Die andere Route führt nach Nordwesten über Pontivy (111 km) und weiter durch den kanalisierten Fluss Blavet zum Atlantik bei Lorient. Die Scheitelhaltung im Abschnitt zwischen Rohan und Pontivy war viele Jahre hinweg wegen Wassermangels (bedingt durch die Schließung des 63 km langen Hilvern-Speisekanals) geschlossen; dieser Zustand wurde nun durch den Bau einer Wasserleitung vom Blavet zur Scheitelhaltung, die bis zu 450 Liter in der Sekunde befördern kann, beseitigt.

2. Abschnitt: Pontivy bis Guerlédan

Wie in der Einleitung bereits erwähnt, ist dieser Abschnitt nicht schiffbar, die Wiedereröffnung ist aber geplant. Ein genauer Termin konnte aber noch nicht in Erfahrung gebracht werden. Angler setzen sich diesen Plänen übrigens erbittert zur Wehr, sie würden es gerne sehen, wenn die vorhandenen Wehre und Wasserkraftwerke stillgelegt würden.

3. Abschnitt: Guerlédan bis Mellionec

Das Département Côtes d'Armor hat eine 26 km lange Strecke des Kanals vom Beginn des Reservoirs von Guerlédan bis zu einer einsamen Kapelle (La Pitié) bei Mellionec unweit von Rostrenen restauriert. Die ersten 10 km verlaufen im Guerlédan-Reservoir, das 16 Schleusen überspült hat. Auf der restlichen Strecke, die zum wiedereröffneten Kanal gehört, müssen auf einer Strecke von 10 km 10 Schleusen überwunden werden. Die letzte Schleuse (Coat-Natous) ist die einzige Doppelschleuse in der Bretagne.

4. Abschnitt: Mellionec bis Goariva

Dieser Abschnitt wird nur der Vollständigkeit halber aufgeführt. Er ist 27 km lang und hat 45 Schleusen, von denen 13 von Coat-Natous zur Scheitelhaltung aufsteigen, während die anderen 34 Schleusen nach Goariva (der Grenze des Départements Finistère) absteigen.

5. Abschnitt: Goariva bis Châteaulin

Dieser westliche Abschnitt wurde in den 1980er-Jahren restauriert, und zwar auf seiner gesamten Strecke im Département Finistère auf einer Länge von 81 km: vom kleinen Dorf Goariva in der Nähe von Carhaix-Plouguer bis nach Châteaulin. Leider verursachten die Unwetter 1994/95 so erhebliche Schäden an den Schleusentoren, dass seitdem eine beträchtliche Strecke der Wasserstraße geschlossen bleiben musste. Für mehrere Jahre blieb Sportbooten zum Befahren nur der Fluss Aulne talwärts von Châteauneuf-du-Faou, aber die Arbeiten an einer zweiten Restaurierung dieses Abschnitts schreiten voran. 2002 wurden vier Schleusen (Nr. 215 bis 218) wiedereröffnet, sodass die schiffbare Länge von Châteaulin nach Rosily nun 55 km beträgt. Die verbleibenden Strecken, die noch restauriert werden müssen, sind die 8 km und vier Schleusen auf dem Fluss Aulne bis Goariva, 10 km des kanalisierten Flusses Hyères mit sechs Schleusen sowie 8 km auf dem eigentlichen Kanal mit zwölf Schleusen.
Unterhalb von Châteaulin gehört der Aulne-Fluss bereits zu den Seeschifffahrtsstraßen, obwohl die Gezeitenschleuse erst bei Guily-Glaz, 4 km weiter flussabwärts, liegt.

Canal du Nivernais

Der Canal du Nivernais war ursprünglich nicht als Durchgangstrecke gedacht, vielmehr sollte er als Speisekanal dienen, auf dem Feuerholz von Morvan zu bereits bestehenden Flößstrecken auf der Yonne und der Seine geflößt werden sollte. Die Arbeiten am Kanal begannen 1784 und wurden durch die Französische Revolution unterbrochen. Als man dann in den 1820er-Jahren die Arbeit wieder aufnahm, hatten sich die Pläne geändert: Nun sollte ein regulärer Kanal entstehen, auf dem von Pferden gezogene Lastschiffe verkehrten und der die Loire bei Saint-Léger-des-Vignes (nahe Decize) mit der kanalisierten Yonne bei Auxerre verband; eine Strecke von 174 km. Der Kanal wurde 1841 eröffnet und bekam fast sofort danach massive Konkurrenz vonseiten der Eisenbahn zu spüren. Ein kommerzieller Erfolg blieb daher aus. Während der letzten 25 Jahre hat er sich jedoch zu einem der beliebtesten Reviere im Burgund entwickelt.
Wenn man von Saint-Léger-des-Vignes die Loire ein kleines Stück stromaufwärts fährt, kommt man zur Einfahrt des Decize-Zweigkanals des Loire-Seitenkanals, während man über die Yonne den Canal de Bourgogne erreicht. Der Canal du Nivernais ist somit ein wichtiges Verbindungsglied zwischen der Bourbonen- und der Bourgogne-Route von Paris nach Lyon.
Auf dem 58 km langen mittleren Abschnitt von Cercy-la-Tour (km 15, auf der Loire-Seite) bis nach Sardy (km 73, auf der Yonne-Seite) sind die Schleusen nur 30 m lang und liegen somit unter der Normgröße, was zur Folge hat, dass die 38,50 m langen Lastschiffe hier nicht verkehren können.
Dank der Bemühungen der Charterfirma Saint Line, die sich 1964 an der Scheitelhaltung etablierte, konnte die Schließung des Kanals verhindert werden: Im Jahr 1972 vergab der Staat die Konzession für den mittleren Abschnitt an das

Département Nièvre. 1974 begannen die in einem Zehnjahresplan festgelegten Restaurierungsarbeiten, die die Verwaltung des Départements aus staatlichen und regionalen Zuschüssen finanzierte. Zur selben Zeit wurden Einrichtungen für Sportbootfahrer am gesamten Kanal geschaffen.

In den Canal du Nivernais sind zahlreiche Flussabschnitte, so genannte „Râcles“, einbezogen, besonders auf der Talfahrtstrecke im Yonne-Tal. In diesem Bereich wird der Kanal nur auf einer Breite von 20 Metern vor dem Ufer, an dem der Treidelpfad verläuft, instand gehalten. Man muss sich beim Fahren daher immer gut innerhalb dieser Begrenzung halten.

Die Scheitelhaltung ist 4,5 km lang und liegt in einer Höhe von 262 m; sie hat Verbindung zum Etang de Baye, auf dem es im Sommer von Surfern und Seglern nur so wimmelt, und schließt drei Tunnels ein: La Collancelle (758 m), Mouas (268 m) und Les Breuilles (212 m), die durch tiefe Einschnitte voneinander getrennt sind. Die geringste Durchfahrtshöhe ist 3,75 m und die geringste Breite 5,60 m. Alle Tunnels werden im Einbahnverkehr, der durch Lichter geregelt ist, durchfahren.

In Basseville (km 118,5) kreuzt der Kanal die Yonne rechtwinklig auf gleicher Höhe. Für die Passage dieser Wasserstraßenkreuzung konnte man sich früher bei Hochwasser einer Trosse und einer Winde bedienen. Die fest angebrachte Trosse wurde inzwischen durch ein hydraulisch bedientes Wehr mit Toren ersetzt. Auch wenn die Passage immer noch mit größter Vorsicht vorgenommen werden sollte, hat sie doch ihren Schrecken verloren.

Ein 3,9 km langer Zweigkanal führt vom Râcle du Maunoir (km 154) zur Stadt Vermenton am Fluss Cure.

Der Canal du Nivernais ist ein ideales Gebiet zum Wasserwandern, denn er führt durch unterschiedliche Landschaften mit vielen interessanten Orten und Sehenswürdigkeiten. Der Kontrast zwischen der zur Loire und der zur Yonne absteigenden Seite diesseits und jenseits der Wasserscheide ist sehr beeindruckend. Von der Loire bis zur Scheitelhaltung besteht die schiffbare Strecke fast durchweg aus von Menschenhand erschaffenen Kanalabschnitten, die dem Fluss Aron folgen, und so weit das Auge reicht, in saftiges Weideland eingebettet sind. Das Yonne-Tal ist großartiger, enger und dicht bewaldet, und die schiffbare Strecke wechselt zwischen Kanal- und Flussabschnitten.

Canal du Nord

Als im Jahr 1908 mit den Bauarbeiten zu diesem Kanal begonnen wurde, war der parallel dazu verlaufende Canal de Saint-Quentin bereits trotz seiner paarweise angeordneten Schleusen überlastet. 1914 waren etwa drei Viertel der Erdarbeiten abgeschlossen sowie zahlreiche Schleusen und Brücken fertig gestellt. Nach dem Ersten Weltkrieg wurden mehrere Anläufe genommen, die Kriegsschäden zu beseitigen und das Kanalprojekt zum Abschluss zu bringen, aber ohne nennenswerten Erfolg. Erst nach 1950, als das rasante Wirtschaftswachstum in Frankreich Großtransporte zwischen dem Seinebecken und dem Norden des Landes erforderlich machte, wurde die Fertigstellung dieses Kanals dringend erforderlich. Anfang der 60er-Jahre wurden alle Bauarbeiten ausgeführt, und 1966 konnte der Kanal eröffnet werden.

Der Canal du Nord ist 95 km lang und erstreckt sich von Arleux, in der Nähe von Douai am Canal de la Sensée (ein Teilstück des Großschifffahrtswegs Dünkirchen–Schelde), bis zur Verbindung mit dem Canal latéral à l'Oise bei Pont-l'Evêque.

Er wird in drei Abschnitte eingeteilt:

Abschnitt 1 von Arleux am Canal de la Sensée bis nach Péronne am Canal de la Somme (km 45).

Abschnitt 2 besteht aus einem geliehenen Stück des Canal de la Somme von Péronne bis zur Abzweigung bei Rouy-le-Petit (km 65).

Abschnitt 3 erstreckt sich vom Canal de la Somme

bis Pont-l'Evêque am Canal latéral à l'Oise (km 95).
Der erste und dritte Abschnitt queren niedrige Wasserscheiden, in den Scheitelhaltungen fährt man durch Tunnels. Einer davon, der Grand Souterrain de Ruyaulcourt in der Scheitelhaltung des 1. Abschnittes (km 25–29), ist 4350 m lang.
Der Tunnel Souterrain de la Panneterie in der Scheitelhaltung des dritten Abschnittes ist 1100 m lang. Seine Abmessungen erlauben nur Einbahnverkehr.
Obwohl auf dem Kanal starker Berufsschiffsverkehr stattfindet, sollte man sich davon nicht einschüchtern lassen.

Oise

Die kanalisierte Oise ist 104 km lang und erstreckt sich von der Verbindungsstelle mit dem Canal latéral à l'Oise bei Janville (in der Gemeinde Longueil-Annel) bis zu ihrer Einmündung in die Seine bei Conflans-Sainte-Honorine (Fin d'Oise). Sie bildet einen Teil des wichtigen Schifffahrtsweges von der Seine nach Nordfrankreich und Belgien. In den sechziger Jahren wurden daher erhebliche Ausbauarbeiten durchgeführt, um den Fluss für große Schubverbände befahrbar zu machen. Ein nicht kanalisiertes Stück von 2 km Länge führt von Janville stromaufwärts zu einer Bootswerft.

Canal latéral à l'Oise

Der Canal latéral à l'Oise (Oise-Seitenkanal) verbindet den Canal de Saint-Quentin in Chauny mit der kanalisierten Oise in Janville; er ist 34 km lang und hat Verbindung mit dem Canal de l'Oise à l'Aisne (km 3) und mit dem Canal du Nord (km 19). Als ein Teil der stark befahrenen Nord-Süd-Route vom Seinebecken nach Nordfrankreich und Belgien wurde er im großen Umfang ausgebaut.

Canal de l'Oise à l'Aisne

Der Canal de l'Oise à l'Aisne wurde 1890 eröffnet und stellt ein wichtiges Bindeglied zwischen dem Canal latéral à Oise im Hafenbecken von Abbécourt (km 3) und dem Canal latéral à l'Aisne in Bourg-et-Comin (km 38) dar. Dieses 48 km lange Kanalstück wird auch heute noch von der Berufsschifffahrt benutzt (bis zu 20 Lastschiffe pro Tag), allerdings auch gern von Sportschiffern befahren, die von Calais, Dünkirchen oder Belgien zum Mittelmeer gelangen möchten. Die Scheitelhaltung zwischen den beiden Tälern liegt 66 m hoch und schließt einen 2365 m langen Tunnel bei Braye-en-Laonnois ein. Der Tunnel hat eine Breite von 6,50 m, die Mindestdurchfahrtshöhe beträgt 3,50 m.

Oudon

Der Fluss Oudon, ein rechter Nebenfluss der Mayenne, ist auf einer Strecke von 18 km, von der Mayenne bis zu der kleinen Stadt Segré, kanalisiert. In Segré, am Beginn der schiffbaren Strecke, ist ein Sportboothafen eingerichtet worden.

Paris und seine Kanäle

Die städtischen Kanäle von Paris (Canaux de la Ville de Paris), 1822 eröffnet, erfreuen sich bei Bootsurlaubern zunehmender Beliebtheit, auch wenn sie ihre ursprünglichen Funktionen wie die Wasserversorgung und etwas Berufsschifffahrt in den industriell geprägten Vororten von Paris immer noch wahrnehmen.
Sie bestehen aus dem kanalisierten Fluss Ourcq und dem Canal de l'Ourcq, dem Zweigkanal Clignon, dem Canal Saint-Denis und dem Canal Saint-Martin; ein Wasserstraßennetz von insgesamt 120 km Länge.
Der Niedergang der Berufsschifffahrt und der

gleichzeitig einsetzende Boom in der Sportschifffahrt in den 1980er-Jahren veranlasste die Pariser Behörden, bestehende Beschränkungen aufzuheben und Sportbooten den Zugang zu diesem Großstadtrevier zu gewähren.

An jeder Schleuse am Canal Saint-Martin sowie am Canal Saint-Denis muss eine kleine Gebühr (EUR 0,70) entrichtet werden. Aber das ist ein wirklich geringer Preis, um zu diesem einzigartigen und bezaubernden Canal de l'Ourcq zu gelangen, der an so vielen interessanten historischen Plätzen vorbeiführt, bevor man den ehemaligen Holzverladekai in Port-aux-Perches und die abgelegene „La Commanderie“ am Ende des Zweigkanals von Clignon erreicht.

Die Erschließung dieser ländlichen Wasserwege wurde durch die schmalen Schleusen am Canal de l'Ourcq oberhalb von Les Pavillons-sous-Bois erschwert; diese Schleusen wurden aber ersetzt, sodass nun auch breitere Boote auf dem Kanal fahren können.

Canal de l'Ourcq

Dieser Kanal ist 108 km lang, beginnt in dem abgelegenen Dörfchen Port-aux-Perches, am Rande des Waldes von Retz, und endet im Kanalbecken „Bassin de la Villette“ in Paris, wo er sich dann im Canal Saint-Denis und im Canal Saint-Martin fortsetzt. Er wird in drei Abschnitte eingeteilt:

1) der kanalisierte Fluss Ourcq, 11 km von Port-aux-Perches bis zum Wehr von Mareuil;

2) der „enge“ Kanal von Mareuil bis Pavillons-sous-Bois (86 km);

3) der verbreiterte Abschnitt von Pavillons-sous-Bois bis La Villette (11 km).

Sportschiffer zahlen keine Gebühr für die Benutzung des Kanals, aber man muss sich bei den Schleusen am Canal Saint-Denis und Saint-Martin oder bei der Schleuse von Sevran (km 13,4) ein befristetes Laisser-Passer holen. Schiffe mit einer Festhöhe von weniger als 1,90 m bekommen eine Durchfahrtserlaubnis.

Canal Saint-Denis

Dieser Kanal ist 6,6 km lang vom Bassin de la Villette, wo er Verbindung zum Canal de l'Ourcq hat, bis zur Seine bei Saint-Denis. Er ist der am meisten befahrene der drei Kanäle von Paris, weil er durch Industrievororte führt, in denen es zahlreiche private Kais gibt, die von der Berufsschifffahrt benutzt werden. Um in den Canal de l'Ourcq zu gelangen, sollte man den Weg über den Canal Saint-Martin wählen, der 30 km weiter stromaufwärts von der Seine abzweigt.

Canal Saint-Martin

Der Canal Saint-Martin, der im Jahr 1825 – drei Jahre später als der Canal de l'Ourcq – in Dienst gestellt wurde, ist 4,5 km lang und führt vom Bassin de la Villette bis zum Quai Henri IV an der Seine, gleich stromaufwärts der beiden Inseln im Herzen von Paris. Mit seinen eleganten eisernen Fußgängerbrücken und den Ausflugsbooten, die regelmäßig auf dem Kanal verkehren, gehört der Kanal zum Inbegriff des „Pariser Charme“; er ist seit vielen Jahren eine beliebte Touristenattraktion. Dank der Marina im Bassin de l'Arsenal, die unmittelbar hinter der Schleuse aus der Seine gelegen ist und 170 Liegeplätzen bietet, können ihn auch Besucher, die mit dem eigenen Boot nach Paris reisen, kennen lernen.

Fast die Hälfte der Strecke (2069 m) besteht aus einem Tunnel, besser gesagt aus einer Aneinanderreihung von *Voûtes,* Gewölben verschiedener Breite, die unter den beiden Hauptboulevards und dem Place de la Bastille hindurchführen. Der Verkehr wird nach dem Einbahnsystem abgewickelt und durch Lichter geregelt. Während einer Durchfahrtsperiode dürfen nicht mehr als drei Fahrzeuge in der jeweiligen Richtung den Tunnel passieren.

Canal de Pommerœul à Condé

Der Canal de Pommerœul à Condé ersetzt den ehemaligen Canal de Mons à Condé und verbindet die dicht befahrenen Binnenschifffahrtsstraßen durch Nordfrankreich und Belgien. Er ist 12 km lang und führt von der belgischen Stadt Pommerœul am Kanal Nimy-Blaton-Péronnes bis nach Condé an der kanalisierten Schelde (Escaut).

Rance Maritime

Das Mündungsgebiet der Rance wurde durch das erste Gezeitenkraftwerk, das 1960 unweit der Mündung gebaut wurde, bekannt. Für Yachtleute ist es vor allem interessant, dass man über die Rance Maritime sowie eine Reihe von weiteren Wasserwegen quer durch die reizvolle Bretagne vom Ärmelkanal zum Atlantik gelangen kann.
Für das Befahren des Mündungsgebietes sowie die Liege- und Versorgungsmöglichkeiten in Saint-Malo und Dinard sollten unbedingt die einschlägigen Seekarten und Seehandbücher zurate gezogen werden.

Rhein

Der Rhein entspringt in den Schweizer Alpen südwestlich von Chur, fließt durch den Bodensee und hat immer noch alpinen Charakter, wenn er an der deutsch-schweizerischen Grenze in das Gebiet um Basel hinabfließt; ab Rheinfelden (am Hochrhein) ist er schiffbar, verlässt kurz unterhalb des regen Binnenhafens von Basel die Schweiz und bildet auf der 184 km langen Strecke bis Lauterbourg die natürliche Grenze zwischen Deutschland und Frankreich. Dann fließt der Rhein durch Deutschland und Holland und mündet 1320 km von seiner Quelle entfernt in die Nordsee.
Der Oberrhein – von Basel bis Bingen – war immer schwierig zu befahren und für die Schifffahrt oftmals gefährlich. In den Jahren 1840–1860 wurden umfangreiche Regulierungsarbeiten durchgeführt, die leider auch unangenehme Nebenwirkungen zeigten: größere Strömungsgeschwindigkeit und Erosion des Flussbettes. Im 250 m breiten regulierten Flussbett bildete sich eine stark gewundene Rinne, und Felsbrocken kamen nach und nach zum Vorschein, der unangenehmste von allen bei Istein, in der Nähe von Kembs. Weitere Ausbauarbeiten wurden gefordert – Querbuhnen sollten das Flussbett befestigen –, trotzdem konnte Basel nur von 600-Tonnen-Schiffen bei guten Bedingungen angelaufen werden.
Vor dem Ausbruch des Ersten Weltkrieges hatte man eine weit wirksamere Lösung anvisiert, den Bau eines Rhein-Seitenkanals von Basel bis Straßburg. An diesem Grand Canal d'Alsace sollte eine Reihe von Wasserkraftwerken errichtet werden, zum Nutzen der Landwirtschaft und der Schifffahrt. Der Vertrag von Versailles betraute Frankreich mit der Durchführung des Projektes, und die Electricité de France setzte sie in die Tat um.
Der erste Abschnitt des Rhein-Seitenkanals, der die Barre von Istein umgeht, wurde 1932 eröffnet. Im Jahr 1956 waren dann auch die restlichen drei Stauhaltungen fertig. In einem neuen Übereinkommen zwischen Deutschland und Frankreich wurde der Plan abgeändert, um die schweren Umweltschäden am Rhein in Grenzen zu halten. Es entstanden verschieden lange Schleusenkanäle mit einem Staudamm am Rhein und mit Kraftwerken und Schleusen am talwärts gelegenen Ende der Kanäle.
In den siebziger Jahren wurden zwei weitere Abschnitte stromabwärts von Straßburg fertig gestellt. Das Ergebnis dieser Bemühungen: Der Rhein ist nun entlang der französischen Grenze komplett kanalisiert und das Befahren dieser Strecke nicht sonderlich attraktiv.
Der Rhein hat Verbindungen zum Rhein-Rhône-Kanal, zum Zweigkanal von Niffer, bei Niffer (km

185), und zum Canal de Colmar (ursprünglich ein Zweigkanal des Rhein-Rhône-Kanals) bei km 226, zum Nordabschnitt des Rhein-Rhône-Kanals bei km 257,9 sowie mit zum Rhein-Marne-Kanal in Straßburg (km 291 oder 295).

Rhône

Die Rhône ist von der Einmündung der Saône bei Lyon-La Mulatière bis nach Port Saint-Louis-du-Rhône, von wo man durch den kurzen Seekanal „Canal Maritime Saint-Louis" das Mittelmeer erreicht, vollständig kanalisiert: eine Länge von insgesamt 310 km. Die Barre, die der Fluss 6 km weiter stromabwärts in seinem Delta aufgespült hat, ist für Schiffe unpassierbar.

Das große Rhône-Ausbauprogramm, das 1933 von der Compagnie Nationale du Rhône in Angriff genommen wurde (nach einem Erlass aus dem Jahr 1921), konnte 1980 abgeschlossen werden. Die schiffbare Strecke wechselt zwischen tiefen, breiten Flussabschnitten und elf Schleusenkanälen. Obwohl die Rhône bereits in der Römerzeit und davor einen wichtigen Verbindungsweg darstellte, war sie doch immer als schwieriger Fluss berüchtigt, sogar dann noch, als nach den Regulierungsarbeiten in den Jahren 1885–1905 der schiffbare Tiefgang bei Niedrigwasser auf 1,60 m verbessert worden war.

Die Ausbauten, die die CNR zwischen Lyon und dem Mittelmeer fertig stellte, haben den Fluss für 1500-Tonnen-Lastschiffe und 4500-Tonnen-Schubverbände ganzjährig schiffbar gemacht. Die zwölf Wasserkraftwerke produzieren 13 000 GWh Strom pro Jahr, das sind 16% der Gesamtproduktion des Landes aus Wasserkraft (20%, wenn man die Obere Rhône mitrechnet).

Die gigantischen Meisterwerke der Technik beeinträchtigen die Schönheit des Flusstals nur wenig, durch das die Rhône sich ihren Weg zwischen den Alpen und den Ausläufern des Zentralmassivs bahnt. Dafür kann man nun in aller Ruhe die schönen Städte und historischen Stätten besuchen, die jenseits der Flussufer liegen und muss nicht mehr durch das Rhônetal hasten, ständig in Angst vor den Gefahren eines freifließenden Flusses, vor seinen bedrohlichen Buhnen oder vor der Rechnung, die der Lotse am Ende der Fahrt präsentieren wird.

In Lyon mündet die Saône in die Rhône und stellt somit Verbindung zu den Kanälen in Ost- und Mittelfrankreich her. Die Obere Rhône ist stromaufwärts des Zusammenflusses von der Compagnie Nationale du Rhône teilweise ausgebaut worden.

Sämtliche Kanalverbindungen, die die Rhône talwärts von Avignon hat, wurden bei den Ausbauarbeiten vollkommen umgestaltet; so kann man z.B. in Beaucaire nicht mehr in den Canal du Rhône à Sète einfahren, da durch die Tieferlegung der Rhône die Einfahrtsschleuse unbrauchbar geworden ist. Stattdessen ist die Kleine (Petit) Rhône, früher nur ein halb-schiffbares Fahrwasser im Delta, als Großschifffahrtsverbindung auf einer etwa 20 km langen Strecke von Fourques, wo sie von der Rhône abzweigt, bis nach Saint-Gilles ausgebaut worden. Von hier erreicht man über einen kurzen Kanal mit einer Schleuse den Canal du Rhône à Sète.

Ähnlich verhält es sich am linken Rhône-Ufer mit dem Canal d'Arles à Fos, dem ehemaligen Canal de Marseille au Rhône; er hat seine Rolle als Durchfahrtsstrecke zum Golfe de Fos und nach Marseille eingebüßt. Die großen Güterschiffe fahren jetzt über den neu eröffneten Canal du Rhône à Fos, in den man etwas stromaufwärts der Fähre von Barcarin einläuft. Sportboote müssen weiterhin den Weg über Port-Saint-Louis-du-Rhône nehmen, wobei dieser Weg ohnehin vorzuziehen ist, da die kleine Stadt zahlreiche Versorgungsmöglichkeiten bietet.

Obere Rhône und Lac du Bourget

Die Obere Rhône, einst von Lyon bis in die Schweiz schiffbar, ist theoretisch immer noch bis zum Staudamm von Seyssel (Ain) befahrbar; also bis 6 km vor dem historischen Ende der Schiffbarkeit in Le Parc, das am Eingang zu einer schmalen Schlucht mit Stromschnellen liegt. Der Damm von Seyssel wurde gebaut, um ein Ausgleichsbecken unterhalb der berühmten, 70 m hohen Talsperre von Génissiat, einem der ersten großen Wasserkraftwerksprojekte Europas (1948), zu schaffen.
Die Compagnie Nationale du Rhône hat nach Fertigstellung aller Projekte unterhalb von Lyon auch Ausbaupläne für die Obere Rhône in Angriff genommen und einige wichtige Veränderungen bewirkt. Obwohl dieser Fluss noch lange nicht durchgehend befahrbar ist, können doch nennenswerte Abschnitte sowohl des Flusses wie auch der Schleusenkanäle von Sportbooten genutzt werden. Erst kürzlich wurden Pläne bekannt, an den Dämmen aller Wasserkraftwerke Schleusen zu bauen, was die gesamte Obere Rhône schiffbar machen würde, obwohl ein Abschnitt freifließend bleiben wird.
Zusätzlich zum Hauptwasserweg bis nach Seyssel, der eine Länge von 147,7 km hat, gibt es noch eine Verbindung zum malerischen Canal de Savières, der in den Lac du Bourget, den größten natürlichen Binnensee Frankreichs, führt und an dessen Ostufer der berühmte Kurort Aix-les-Bains liegt. Dieser Abzweig von Chanaz nach Viviers-du-Lac ist 23 km lang; damit beträgt die gesamte schiffbare Strecke der Oberen Rhône bis zum Lac du Bourget 171 km.
Gegenwärtig (2002) stellt sich die Situation wie folgt dar: Von der Einmündung der Saône bei Lyon bis zur Schleuse La Feyssine in Villeurbanne, einer Strecke von 9,6 km, ist das Befahren der Oberen Rhône möglich. Derzeit und in näherer Zukunft kann die Schleuse jedoch wegen Vandalismusschäden an den Toren und der Mechanik nicht bedient werden. Von km 11 bis km 30, einem Abschnitt von 19 km, sollen in den riesigen bereits bestehenden Schleusenkammern, Schleusen gebaut werden, sodass dann ein Befahren dieser Strecke von Electricité de France (EDF) gewährt werden kann. Vom km 30 bis km 66 (Sault-Brénaz) wird die Obere Rhône ein freifließender Fluss bleiben, somit sind die Wassertiefen entsprechend unterschiedlich. Allerdings gibt es Bestrebungen, diese wenigstens örtlich zu verbessern und das Fahrwasser mit Tonnen zu kennzeichnen. Solange dies jedoch noch nicht geschehen ist, ist vom Befahren dieser Strecke abzuraten.
Um ein sicheres Befahren des Abschnitts zwischen Sault-Brénaz und Seyssel zu gewährleisten, bedarf es nur einiger Ausbaggerarbeiten sowie dem Auslegen von Fahrwasserbezeichnungen an manchen Stellen.
Vor der überwältigenden Kulisse der Alpen wird der Törn auf dem Fluss sowie dem Canal de Savières zum Lac du Bourget zu einem einmaligen Erlebnis. Nur wenige Crews haben diese Fahrt bisher unternommen, denn die Benutzung der Bootshebevorrichtungen an den Staudämmen der Compagnie Nationale du Rhône ist mühsam.

Petit Rhône und Canal de Saint-Gilles

Die Kleine Rhône war ursprünglich ein schmaler, seichter Flusslauf im Rhônedelta und konnte nur von kleinen Schiffen befahren werden. Wie jedoch bereits im Abschnitt „Rhône“ erwähnt, wurde die Fahrrinne für die Großschifffahrt ausgebaut; das sind rund 20 km von der Unteren Rhône bei Fourques (stromaufwärts von Arles) bis nach Saint-Gilles, wo ein neues Kanalstück mit einer

Schleuse die Verbindung zum Canal du Rhône à Sète herstellt. Der kleine Fluss ist somit ein Teil der Durchgangsstrecke von der Rhône nach Sète und zum Canal du Midi geworden. Die gesamte Entfernung von der Rhône bei Fourques bis zur Verbindung zum Canal du Rhône bei Sète beträgt 22,5 km. Das Fahrwasser ist gut bezeichnet, trotzdem sollte man aber stets mindestens 10 m Abstand von den Fahrwassermarkierungen halten.
Unterhalb der Einfahrt in den Canal de Saint-Gilles ist die Petit Rhône ein malerisches Flüsschen, das sich durch den Nationalpark Camargue schlängelt und nach 38 km bei Grau d'Orgon ins Mittelmeer mündet. Auf diesem Abschnitt gibt es keine Fahrwassermarkierungen, deshalb sollte man sich in der Mitte des Fahrwassers halten.

Rhône-Fos-Port-de-Bouc (-Marseille)-Wasserweg

Über die Jahre haben sich die Kanalverbindungen von Marseille zur Rhône so stark verändert, dass eine kurze Zusammenfassung der verschiedenen Entwicklungen sinnvoll ist. Der ehemalige Canal de Marseille au Rhône wurde als Durchgangsstrecke gesperrt, weil im Jahr 1963 ein Stück des 7 km langen Tunnels von Rove einstürzte. 1970 wurde beim Ausbau des Hafens von Fos ein Teil des damaligen Canal d'Arles à Bouc gesperrt. Es wurde eine neue Anti-Salz-Schleuse gebaut, um die Zufahrt vom Kanal in das Hafenbecken Darse 1 von Fos zu ermöglichen, folglich erhielt der Kanal den Namen Canal d'Arles à Fos. Die Auslastung dieses Kanals war jedoch nie besonders hoch, da die 38,50 m langen Lastkähne, für die er gebaut worden war, die Rhône nicht befahren konnten. Sie benutzten ebenso wie die Sportboote den Canal maritime Saint-Louis (siehe „Rhône“).
Nach Beendigung der Rhône-Ausbau- und Kanalisierungsarbeiten 1980 wurde es jedoch erforderlich, für große Schubverbände eine sichere Verbindung zwischen dem Fluss und Fos (und Port-de-Bouc) herzustellen. Die Schubverbände mussten getrennt werden, um die Schleuse bei Port-Saint-Louis zu passieren, und es kam immer wieder zu Verzögerungen, weil raues Wetter die Weiterfahrt auf dem Golf von Fos verhinderte. Eine Verbreiterung des bestehenden Canal d'Arles à Fos wäre zu kostspielig geworden, und so baute man einen neuen Kanal von der Rhône (km 303) bis zum Hafenbecken Darse 1 von Fos. In diesen Kanal wurden die letzten zwei Kilometer des Canal d'Arles à Fos einbezogen und die alte Anti-Salz-Schleuse abgebaut. Stattdessen wurde stromaufwärts der Vereinigungsstelle mit dem neuen Kanal ein Anti-Salz-Wehr errichtete, das weitere Schiffbarkeit unmöglich macht. Folglich wurde nun der Canal d'Arles à Fos als Durchgangsstrecke gesperrt. Die Verbindung Rhône-Fos ist für Sportboote gesperrt; diese fahren weiterhin durch den Canal maritime Saint-Louis ins Mittelmeer.
Der hier beschriebene Schifffahrtsweg wird in mehrere Abschnitte eingeteilt:
1. Rhône-Fos-Verbindungskanal (km 0–11);
2. Die Hafenbecken von Fos (km 11–18);
3. Fos-Bouc-Verbindungskanal (km 18–27);
4. Reede von Port-de-Bouc und Canal de Marseille au Rhône (km 27–47).

Canal du Rhône au Rhin

Die Bauarbeiten zum Rhein-Rhône-Kanal (Canal du Rhône au Rhin) begannen im Jahr 1784, und seine Indienststellung fand im Jahr 1833 statt. Der Rhein-Rhône-Kanal gehört zu den wichtigsten französischen Wasserstraßen, die eine Wasserscheide queren. Er wird von einer Vielzahl von Sportbooten benutzt, die, aus Deutschland und der Schweiz kommend, zum Mittelmeer fahren. Der Kanal ist aber auch ein eigenständiges Revier zum

Wasserwandern, insbesondere dort, wo er dem idyllischen Doubstal folgt. Die Berufsschifffahrt mit 38,50 m langen Lastkähnen ist eher gering, allerdings gehört der Rhein-Rhône-Kanal zu den „veralteten" Wasserstraßen. Lang gehegte Pläne, ihn zu einer Großschifffahrtsstraße auszubauen, um es großen Schubverbänden zu ermöglichen, ungehindert auf dieser Strecke von der Nordsee zum Mittelmeer zu gelangen, wurden aufgegeben. Der Kanal stellt die Verbindung zwischen der Saône in Saint-Symphorien, 4 km stromaufwärts ihrer Verbindung mit dem Canal de Bourgogne in Saint-Jean-de-Losne und dem Oberrhein (bei Niffer, km 185), genauer gesagt dem Ottmarsheimer Abschnitt des Rhein-Seitenkanals, her. Die Gesamtlänge des Rhein-Rhône-Kanals beträgt 237 km.
Von Saint-Symphorien führt ein 17 km langer Kanalabschnitt bis zum Doubs; bis L'Isle-sur-le-Doubs (km 141) fährt man lange Zeit auf dem Fluss; von L'Isle-sur-le-Doubs bis Mülhausen (km 224) benutzt die Schifffahrt ausschließlich künstlich geschaffene Kanäle und quert die Wasserscheide zwischen der Saône und dem Rhein in einer Höhe von 340 m. Von Mülhausen nach Niffer verläuft die schiffbare Strecke im früheren Kembs-Niffer-Zweigkanal, der für 1350-Tonnen-Schiffe ausgebaut wurde.
Offiziell beginnt der Rhein-Rhône-Kanal an der Saône und endet am Rhein, die Entfernungstabelle zählt jedoch in umgekehrter Richtung, damit sie für Skipper, die den Doubs hinunterfahren, übersichtlicher ist.
Die Zweigkanäle:

Flussschleife von Besançon
Auf dieser Schleife fährt man gemächlich durch die interessante, schöne Stadt und umgeht dabei das 500 m lange Stück der Hauptstrecke durch den Tunnel Citadelle. Die 4 Kilometer vom oberen Tunneleingang (Sperrtor 50a) bis zum unteren Tunneleingang (Schleuse 50 Tarragnoz) beinhalten die Schleuse 51a (Saint-Paul), die für Sportboote wieder geöffnet wurde.

Zweigkanal nach Belfort
Der Zweigkanal nach Belfort geht von der Hauptstrecke bei km 172, in der Nähe von Allenjoie, ab und ist bis Botans (km 9,9), einem Vorort von Belfort, befahrbar, wo ihn eine niedrige Brücke kreuzt. Dem ursprünglichen Plan nach sollte er eine Reihe von Wasserscheiden queren und in Port-sur-Saône auf die Saône treffen, doch das Projekt wurde nur bis zur Hauptscheitelhaltung, 14 km hinter Belfort, durchgeführt. Der Kanal ist nicht ohne Charme, auch wenn die Autobahn A36 parallel dazu verläuft.

Nord-Abschnitt von Straßburg nach Neuf-Brisach
Der Nord-Abschnitt des Canal du Rhône au Rhin verlief ursprünglich vom Hauptschifffahrtsweg von Mülhausen nach Straßburg und war 96 km lang. Ein Autobahnkreuz gleich nördlich von Mülhausen durchtrennte den alten Kanal. Trotzdem haben elsässische Behörden gemeinsam mit der VNF die Wiederherstellung zweier Kanalabschnitte beschlossen, die nach ihrer Fertigstellung von Straßburg bis zum 66 km entfernten, sehr malerischen und von Festungsmauern umgebenen Neuf-Brisach (Neu Breisach) führen werden.

Zweigkanal nach Colmar (Canal de Colmar)
Der ursprüngliche Zweigkanal des Canal du Rhône au Rhin (13 km lang) schließt an den Rhein gegenüber von Breisach durch ein 3 km langes ehemaliges Kanalstück sowie einen 6 km langen Verbindungskanal (der Zweigkanal nach Neuf-Brisach), der bei den Ausbauarbeiten am Oberrhein entstanden ist, an.

Canal du Rhône à Sète

Diese Binnenwasserstraße verbindet die Rhône mit dem Hafen von Sète und – via Étang de Thau – mit dem Canal du Midi; sie wurde im Jahr 1820 in Dienst gestellt. Die Strecke von Beaucaire bis nach Sète beträgt 98 km. Durch die Kanalisierung der Rhône musste die Einfahrtsschleuse bei Beaucaire geschlossen werden, sodass man jetzt über ein ausgebautes Stück der Kleinen (Petit) Rhône und ein kurzes Kanalstück bei Saint-Gilles in den Canal du Rhône à Sète bei km 29 einfährt. Dadurch ist die Durchgangsstrecke nunmehr 69 km lang, denn die 29 km nach Beaucaire sind eine Sackgasse. Trotz dieses Handicaps ist das Hafenbecken von Beaucaire zu einem hübschen Yachthafen ausgebaut worden – der Umweg dorthin lohnt sich. Es gibt Überlegungen, die Schleuse von Beaucaire instand zu setzen, um die direkte Verbindung von der Rhône nach Sète wiederherzustellen.

Der Kanal kreuzt zwei Flüsse auf gleicher Höhe: die Vidourle bei km 55 und den Lez bei km 75. Bei Hochwasser wird der Kanal mithilfe der beweglichen Tore an beiden Seiten der Kreuzung von den Flüssen getrennt, und die Schifffahrt ist dann unterbrochen. Kleine Boote könnten auch über diese Flüsse das Mittelmeer erreichen, obwohl die meisten Skipper von Aigues-Mortes (km 51) auf dem Canal Maritime (Seekanal) zum modernen Badeort Le Grau-du-Roi oder über den Hafen von Sète fahren, den man vom Westende des Kanals nach Überquerung eines Teils des Étang de Thau erreicht.

Am Canal du Rhône à Sète wurden während der letzten Jahre Ausbauarbeiten durchgeführt, damit 500-Tonnen-Bargen von der Rhône zum Étang de Thau gelangen können; weitere Ausbauarbeiten werden noch vorgenommen, damit der Hafen von Sète von der Großschifffahrt auf der Rhône-Saône-Achse profitieren kann. Auf der Hauptstrecke wird man daher an mehreren Baustellen vorbeifahren. Damit Aigues-Mortes nördlich und Frontignan südlich umfahren werden können, wurden bereits neue Kanalabschnitte gebaut und in Dienst gestellt.

Der Canal du Rhône à Sète verläuft am Rande der Camargue und quert ausgedehnte Salzwasserlagunen. Die meist hohen Uferböschungen bieten zwar guten Schutz vor dem Mistral, versperren aber gleichzeitig den Ausblick über die Landschaft.

Canal de Roanne à Digoin

Der Canal de Roanne à Digoin beginnt in einem großen Hafenbecken in Roanne, das mit einem kurzen schiffbaren Stück der Loire verbunden ist, und endet in der Nähe der Stadt Digoin, wo er auf den Canal latéral à la Loire (Loire-Seitenkanal) trifft. Die Entfernung vom Hafenbecken in Roanne bis zur Verbindung mit dem Loire-Seitenkanal beträgt 55,6 km.

Nach dem Rückgang der Berufsschifffahrt schlossen sich die drei Départements Loire, Saône-et-Loire und Allier zusammen, um diesen wunderschönen Kanal touristisch zu erschließen. Da der Kanal durch das fast unberührte obere Loiretal führt, ist er wie geschaffen für einen Bootstörn.

Canal de Roubaix

Der Canal de Roubaix wurde zwischen 1827 und 1876 gebaut, um die beiden Industriestädte Roubaix und Tourcoing mit Wasser und Kohle zu versorgen.

Die Scheitelhaltung liegt innerhalb dicht bebauter, geschlossener Ortsteile zwischen den Industriestädten Roubaix und Tourcoing, während die tiefer gelegenen Abschnitte zu beiden Seiten der Wasserscheide fast ländlich sind. Der Kanal verbindet den Canal de la Deûle (heute: Schifffahrtsweg Bauvin-Lys, Teil des Großschifffahrtsweges Dünkirchen– Schelde) in der Nähe von Lille mit dem Canal de l'Espierres in Belgien (von der Grenze bis zur Schelde 8,4 km lang mit drei Schleusen), der zur Schelde (Escaut) führt. Die Entfernung von der Verbindung mit dem Canal de la Deûle bei Marquette-lez-Lille zur belgischen Grenze bei Wattrelos beträgt 20 km .

Viele Jahre hindurch war der Kanal wegen technischer Probleme an den komplizierten Hubbrücken von Roubaix als Durchfahrtsstrecke gesperrt, dazu kamen Instandhaltungs- und Betriebsprobleme. Dank des entschlossenen Einsatzes einheimischer Verbände und der internationalen Bewegung zum Erhalt der Binnenwasserstraßen ist die Zukunft des Kanals nun gesichert. Wer diesen Kanal befährt, sollte vor den Anglern den Hut ziehen, die jahrelang die engagiertesten Verfechter für den Erhalt des Kanals waren.

Im Jahr 2000 haben die Bauarbeiten am kanalisierten Fluss Marque (Marcq) begonnen, dessen Verschlickung die Zufahrt zum Bootshafen von Wasquehal am Zweigkanal von Croix unmöglich gemacht hat.

In der Zwischenzeit ist der Kanal nur auf den ersten 3,3 km von Marquette bis zur größten Düngerfabrik der Welt in Marcq-en-Barœul schiffbar. Zwei kurze Zweigkanäle des Canal de Roubaix sind ebenfalls nicht mehr durchgehend befahrbar. Nach Beendigung der Instandsetzungsarbeiten werden die Hauptstrecke bis zum Bootshafen von Wasquehal (0,6 km) sowie ein zweiter, nur noch 0,9 km langer Abschnitt bis zur festen Brücke von Tourcoing (ersetzt eine ehemalige Hubbrücke), schiffbar sein. Der erste Abschnitt des Zweigkanals nach Tourcoing ist zu einem hübsch gestalteten städtischen Freizeitgebiet umgestaltet worden.

Canal de Saint-Quentin

Abschnitte des Canal de Saint-Quentin wurden bereits 1738 als Canal de Crozat eröffnet und 1810 dann unter Napoleon fertig gestellt. 150 Jahre lang war dies Frankreichs einzige schiffbare Verbindung zum industrialisierten Norden.

Der Kanal verbindet die kanalisierte Schelde in Cambrai mit dem Canal latéral à l'Oise in Chauny und ist 92,5 km lang. Er stellt außerdem in der Nähe von Saint-Simon (km 68) Anschluss an den Canal de la Somme her; die Verbindung zum Canal de la Sambre à l'Oise erfolgt über den Zweigkanal nach La Fère, der bei km 85 von der Hauptstrecke abgeht.

Der Kanal quert die Wasserscheide zwischen Schelde und Somme mit einer 20,4 km langen Scheitelhaltung in einer Höhe von 83 m zwischen den Schleusen 17 (Bosquet) und 18 (Lesdins). An diesem Stück liegen zwei Tunnels. Der erste, bei Riqueval, auch Grand Souterrain genannt, ist 5670 m lang (der längste in Betrieb befindliche Tunnel auf den französischen Binnenwasserstraßen), der zweite, Lesdins oder Tronquoy, ist 1098 m lang. Beide Tunnels haben eine schiffbare Breite von 6,75 m und eine Durchfahrtshöhe von 3,58 m.

Das Schleppen durch den langen Tunnel zwischen der Schleuse Bosquet und dem Becken von Riqueval ist für alle Schiffe obligatorisch. Zwei Treidelverbände pro Richtung, so genannte „Rames", werden alle 24 Stunden zusammengestellt.

Der Treidelverkehr wird mit besonderen, elektrisch betriebenen Schleppern durchgeführt, die sich an einer im Kanalbett verankerten Kette voranarbeiten. Die Tunneldurchfahrt dauert etwa zweieinhalb Stunden. Sportboote werden, nach Größe geordnet, hinter die letzte Barge gehängt. Der Schleppservice ist gebührenpflichtig.

Auf dem Streckenteil, der den kürzeren Tunnel beinhaltet – zwischen dem Becken von Riqueval (km 35,9) und der Schleuse Lesdins (km 45,2) – fahren alle Fahrzeuge mit eigener Motorkraft; die Höchstgeschwindigkeit ist auf 4 km/h festgesetzt. Auf der Strecke ist nur Einbahnstraßenverkehr möglich, der durch Lichtzeichen geregelt wird.

Obwohl auf diesem Kanal immer noch sehr viel Berufsschiffsverkehr herrscht, ist er auch für

Sportboote ein sehr attraktives Revier: Der nördliche Abschnitt im Scheldetal ist landschaftlich sehr schön. Dazu kommen die geradezu spektakuläre Scheitelhaltung sowie ein hervorragender Bootshafen in Saint-Quentin.

Sambre

Der kanalisierte Fluss Sambre beginnt in Landrecies, an der Verbindung mit dem Canal de la Sambre à l'Oise, und endet in Belgien, wo er in Namur in die Maas (Meuse) einmündet. Daher bildet er ein wichtiges Bindeglied zwischen den beiden Flüssen Seine und Maas. Die kanalisierte Strecke von Landrecies bis zur belgischen Grenze ist begradigt worden, dabei wurden 2 km eingespart, sodass die Gesamtstrecke nunmehr 52 km lang ist.

Canal de la Sambre à l'Oise

Der Canal de la Sambre à l'Oise führt überwiegend durch ländliches, aber nicht besonders aufregendes Gebiet und bildet einen Teil der wichtigen Strecke von der Maas (in Belgien) zur Seine. Er ist 67 km lang von Landrecies an der kanalisierten Sambre bis nach La Fère, wo er über den Zweigkanal nach La Fère Verbindung zum Canal Saint-Quentin hat. Seine Scheitelhaltung liegt in einer Höhe von 137,40 m in der Nähe von Landrecies. Auf seinem Abstieg nach La Fère folgt der Kanal hauptsächlich dem oberen Tal der Oise.

Saône

Die Saône ist auf einer Länge von 365 km kanalisiert: von Corre, an der Verbindung zum Canal des Vosges, dem Südabschnitt des Canal de l'Est, bis zur Einmündung in die Rhône bei Lyon-La Mulatière. Sie bildet das Rückgrat des französischen Wasserstraßennetzes: Vier bedeutende Kanäle, die andere „Hauptflüsse" miteinander verbinden, münden in die Saône ein: der Canal de la Marne à la Saône (km 127), der Canal du Rhône au Rhin (km 160), der Canal de Bourgogne (km 165) und der Canal du Centre (km 221). Was die Schifffahrt betrifft, so kann man die Saône in zwei Abschnitte einteilen, die sich in ihrer Natur und in ihren Schifffahrtsverhältnissen stark unterscheiden:

1. Von Corre nach Auxonne (km 150);
2. Von Auxonne (km 150) nach Lyon (km 365).

Von Corre nach Auxonne

Obwohl dieser Abschnitt an der wichtigen Strecke zwischen dem Rhein-Main-Mosel-Becken und Lyon liegt, ist er mit seiner unberührten Landschaft ein ideales Revier zum Wasserwandern. Der Fluss schlängelt sich träge durch reizende ländliche Gegenden, seine längeren Schleifen werden durch Seitenkanäle mit Schleusen von 38,50 m Länge abgekürzt. Diese Durchstiche beschneiden die Saône um gut 40 km, denn ihre ursprüngliche Länge von Corre bis Lyon betrug 407 km anstelle der heutigen 365 km.

Auf dieser Strecke gibt es zwei Tunnels; Saint-Albin (km 48) ist 681 m lang, an der Wasseroberfläche 6,55 m breit und 4,10 m hoch. Seveux-Savoyeux (km 76) ist 643 m lang, 6,50 m breit und 3,60 m hoch.

Von Auxonne nach Lyon

Stromabwärts von Auxonne wird der Fluss breiter und verliert seinen stillen, ländlichen Charakter; dieser Abschnitt wurde für die Großschifffahrt ausgebaut, und so fahren hier Bargen, Schubverbände und die zunehmend beliebter werdenden Kreuzfahrtschiffe, die bis zu 110 m lang sind. Auf dieser Strecke treffen zwei wichtige Routen, die aus dem Seine-Becken kommen, auf die Saône: der Canal de Bourgogne bei dem Flussschifferstädtchen Saint-Jean-de-Losne und der Canal du Centre bei Chalon-sur-Saône.

Am linken Ufer gesellt sich der Canal du Rhône au Rhin (Rhein-Rhône-Kanal) dazu, der ein wichtiges Verbindungsglied für die ursprünglich geplante Großschifffahrtsstraße zwischen der Nordsee und dem Mittelmeer darstellte, bis die Pläne zu diesem Projekt 1997 endgültig aufgegeben wurden. Immerhin wurde die anschließende Saône-Strecke ausgebaut und die 3 km lange Umgehung von Mâcon, mit deren Hilfe die Berufsschifffahrt die niedrige, aber historisch bedeutende St.-Laurent-Brücke in Mâcon umgeht, fertig gestellt. Sportboote, die zum Stadtzentrum wollen, bleiben aber auch weiterhin auf der Saône, sodass die Entfernungstabelle dem natürlichen Flusslauf folgt.

Sarthe

Die Sarthe ist vom Barrage d'Enfer, einem Wehr in Le Mans, bis zu ihrem Zusammenfluss mit der Mayenne stromaufwärts von Angers schiffbar; das ergibt eine Länge von 132 km. Die ersten 113 km bis zur Schleuse in Cheffes sind kanalisiert, während der Fluss auf den letzten 18 km frei fließt. Folglich waren die Wassertiefen während der Trockenzeit im Sommer dort erheblich geringer. Durch den Bau eines neuen Wehrs mit einer Schleuse an der Maine, stromabwärts von Angers, konnte diesem Zustand jedoch abgeholfen werden. Die Sarthe bildet zusammen mit der Mayenne und dem Oudon das zauberhafte Flussrevier von Anjou, wo sich folglich einige Charterfirmen angesiedelt haben.

Scarpe

Der kanalisierte Fluss Scarpe beginnt im Kanalbecken von Arras, das mit dem Fluss durch ein kurzes Kanalstück verbunden ist, und endet bei Mortagne, wo er in die Schelde einmündet. Er wird in drei Abschnitte eingeteilt:

– Scarpe Supérieure, von Arras bis Corbehem (23 km);
– Scarpe Moyenne, von Corbehem bis Schleuse 1 (Fort-de-Scarpe, 7 km);
– Scarpe Inférieure, von Fort-de-Scarpe bis Mortagne (36 km).

Der größte Teil des zweiten Abschnitts, der durch die Stadt Douai führt, ist infolge des Baus eines Umgehungskanals (Dérivation de la Scarpe autour du Douai/Umleitung der Scarpe um Douai), der zum Großschifffahrtsweg Dünkirchen-Schelde gehört, gesperrt worden. Dieser Umgehungskanals zweigt vom linken Scarpe-Ufer, gegenüber der Verbindungsstelle zum Canal de la Sensée, ab, führt zum Westteil der Stadt und hat in den nördlichen Vororten Anschluss an den Canal de la Deûle. Um die Schifffahrt auf der Scarpe nicht zu unterbrechen, wurde ein 800 m langer Verbindungskanal (Canal de Jonction) gebaut, der vom Umgehungskanal bei km 6,2 abgeht und in die Scarpe Moyenne stromabwärts der Brücke Pont Vauban in Douai wieder eintritt.

Seille

Die Seille, eines der schönsten Flussreviere zum Wasserwandern in Frankreich, ist von La Truchère an der Saône bis zum Ende der schiffbaren Strecke beim malerischen Städtchen Louhans 39 km lang. Sie ist kanalisiert, hat vier Schleusen und schlängelt sich friedlich an sattgrünen Wiesen und bewaldeten Hügeln vorbei. Zahlreiche Bäume an ihren Ufern bieten reichlich Gelegenheit zum Festmachen. Die abwechslungsreiche ländliche Gegend bildet einen angenehmen Kontrast zum einförmigen Bild des breiten Saône-Tales. Bei Sportbootskippern erfreut sich die Seille seit einigen Jahren steigender Beliebtheit, nicht zuletzt dank der zwei Charterbasen in Louhans und Branges. Exzellente Bootsliegeplätze an Schwimmstegen mit Wasser- und Stromanschlüssen sind in

Louhans, Cuisery und La Truchère entstanden. Auf der Seille stört kein Berufsschiffsverkehr, lediglich im Sommer verkehrt gelegentlich ein 30 m langes Ausflugsschiff zwischen Chalon-sur-Saône oder Tournus und La Truchère oder Cuisery.

Seine

Die Seine entspringt in den Bergen der Côte d'Or und mündet nach fast 800 km Länge bei Le Havre in den Ärmelkanal. Unter den großen Flüssen Frankreichs zählte sie schon immer zu den gut zu befahrenden und ist heute eine Hauptader für den Gütertransport in Frankreich; sie wird auf der 412 km langen Strecke bis zum Seehafen Rouen von Schiffen mit großer Ladekapazität und Schubverbänden befahren. Im gezeitenabhängigen Mündungsgebiet von Rouen bis Le Havre (weitere 105 km) teilen sich die Binnenschiffer das 11 m tiefe Fahrwasser mit Schiffen von einer Tragfähigkeit bis zu 120 000 t.

Ab der Einmündung des Flusses Aube (und der Verbindungsstelle mit dem ehemaligen Canal de la Haute-Seine) in Marcilly bis nach Le Havre ist die Seine kanalisiert.

Eigentlich müsste man die Seine in fünf oder sechs Abschnitte einteilen, um ihre Bestimmung, die unterschiedliche Verwaltung und die wechselnden Merkmale für die Schifffahrt zu verdeutlichen, aber das würde zu weit führen und wäre wahrscheinlich auch zu verwirrend, daher wird sie hier in zwei Abschnitte eingeteilt:

1. von Marcilly bis Paris (Pont de la Tournelle), 169 km;
2. von Paris nach Le Havre, 348 km.

Erster Abschnitt: von Marcilly bis Paris (Pont de la Tournelle)

Auf den ersten 68 km von Marcilly stromabwärts bildet die Seine einen Teil des Wasserstraßennetzes, das bis zum regen Getreidehafen Nogent (km 20) für die Großschifffahrt ausgebaut wurde. Nach Abschluss der Ausbauarbeiten werden 1000-t-Bargen den Hafen von Nogent bedienen können. Die noch ausstehenden Arbeiten umfassen im Wesentlichen den Ausbau des Seitenkanals zwischen km 22 und 31 und haben daher keine Auswirkungen auf die Entfernungstabelle oder die Schleusen. Dieser Teil des Flusses heißt Petite-Seine, die Kleine Seine.

Die Haute-Seine beginnt bei Montereau (km 68), am linken Ufer mündet die kanalisierte Yonne ein. Dadurch wird die Seine zu einem Teil der Bourgogne-Route, die Paris mit Südfrankreich verbindet. Etwas weiter stromabwärts, in Saint-Mammès (km 81), erhält die Seine durch den Canal du Loing Verbindung zu der ebenfalls wichtigen Bourbonen-Route, die ebenfalls nach Süden führt. Die Seine hat außerdem Verbindung zur kanalisierten Marne bei Charenton (km 163), und in Paris (km 168) trifft sie auf den Canal Saint-Martin, einen der Kanäle von Paris.

Trotz des regen Schiffsverkehrs ist die Seine oberhalb von Paris weitgehend unverdorben und bietet eine der malerischsten Flusslandschaften in Frankreich.

Zweiter Abschnitt: von Paris (Pont de la Tournelle) nach Le Havre

Wie eingangs bereits erwähnt, wird der gesamte Wasserweg von Paris bis zum Mündungsdelta der Seine unweit von Le Havre in einer Entfernungstabelle dargestellt – eine Distanz von insgesamt 348 km.

Im Stadtgebiet von Paris bis km 9 ist die Seine sehr stark befahren, und es ist ein wenig kompliziert, dort zu navigieren, wegen der zahlreichen Brücken und mehrerer Inseln, die bei der Berg- bzw. Talfahrt auf der jeweils vorgeschriebenen Seite passiert werden müssen.

Stromabwärts der Stadt Paris wird der Schiffsverkehr noch dichter. Zu Bargen mit großer Ladekapazität und Schubverbänden kommen noch Küstenmotorschiffe mit niedrigen Aufbauten hinzu.

Letztere können starken Wellenschlag erzeugen und kleinen Sportbooten das Leben dadurch schwer machen. Die kanalisierte Seine endet bei der Schleuse von Amfreville-Poses (km 202); danach wird sie von den Gezeiten beeinflusst; die Grenze der Binnenschifffahrt liegt bei Rouen (km 242). Auf der gezeitenabhängigen Strecke muss man beim Festmachen an den Tidenhub denken, um nicht plötzlich auf Grund zu sitzen oder hoch und trocken an der Kaimauer zu hängen. Ab dem Hafen von Rouen gehört das Mündungsgebiet der Seine zu den Seeschifffahrtsstraßen, die Seegrenze verläuft 105 km weiter stromabwärts zwischen der Mündung des Flusses Risle und dem Fischerhafen Honfleur.

Die Untere Seine hat nur zwei schiffbare Verbindungen: mit dem Canal Saint-Denis (einem der Kanäle von Paris) am rechten Ufer bei km 29 und mit der kanalisierten Oise, die in der wichtigen Hafenstadt Conflans-Sainte-Honorine einmündet und die Verbindung zu Nordfrankreich herstellt (km 71). Man sollte auch den Canal du Havre à Tancarville erwähnen, der geschützte Zufahrt zum Hafen von Le Havre gewährt; er beginnt bei 338 km am Nordufer der Seine-Mündung.

Auf dem gezeitenabhängigen Flussabschnitt unterhalb von Rouen sind Nachtfahrten für Sportboote verboten!

Für das Navigieren im Mündungsgebiet zwischen Rouen und Le Havre ist detailliertes nautisches Kartenmaterial unerlässlich.

Sèvre Nantaise

Die Sèvre Nantaise, ein linker Nebenfluss der Loire, ist zum Teil gezeitenabhängig, zum Teil kanalisiert. Die schiffbare Strecke von der Einmündung in die Loire bei Pont-Rousseau, einem Vorort von Nantes, bis zur Brücke von Monnières beträgt 21,5 km. Zusammen mit ihrem Nebenfluss, der Petite (Kleine) Maine, die die 6 km lange Strecke bis zur ersten (stillgelegten) Schleuse von Pont Caffino in der Ortschaft Chateauthébaud schiffbar ist, bildet die Sèvre Nantaise ein äußerst reizvolles Revier; insbesondere oberhalb der Schleuse Vertou. Im Herzen des Anbaugebietes des berühmten Muscadet-Weines findet man viele attraktive Liegeplätze.

Sèvre Niortaise und einmündende Wasserwege

Die Sèvre Niortaise ist schiffbar von Niort bis zur Bucht von Aiguillon, wo sie nördlich von La Rochelle in den Atlantik mündet. Sie ist 72 km lang und führt größtenteils durch das Naturschutzgebiet „Marais du Poitevin“, eine Marschlandschaft, die für das Wasserwandern mit kleinen Booten wie geschaffen ist. Man kann die Sèvre Niortaise in zwei gesonderte Abschnitte einteilen:

Die ersten 54 km von Niort bis Marans sind kanalisiert und haben Verbindung zu den ebenfalls kanalisierten Flüssen Vieille Autise, Mignon und Jeune Autise.

Die restlichen 18 km, von Marans bis zum Meer, gehören zu den Seeschifffahrtsstraßen; ein Teil dieser Strecke wird durch den Canal Maritime de Marans au Brault, einen Seekanal, über den die Küstenfahrzeuge in den kleinen Seehafen Marans gelangen, umgangen.

Zur besseren Übersicht werden hier auch die folgenden einmündenden Wasserwege beschrieben.

Canal de la Vieille Autise

Der Canal de la Vieille Autise besteht im Wesentlichen aus der kanalisierten Autise und ist 10 schiffbare Kilometer lang, von der Sèvre Niortaise bei Damvix (km 32) bis zu einem kleinen Becken in der Ortschaft Courdault.

Mignon

Der kanalisierte Fluss Mignon, allgemein als Canal du Mignon bezeichnet, ist der längste der Nebenflüsse der Sèvre Niortaise. Boote mit geringem Tiefgang können ihn von der Einmündung in die Sèvre bei km 34,3 bis zur kleinen Stadt Mauzé-sur-le Mignon 17 km weit befahren.

Jeune Autise

Obwohl sie offiziell zu den Binnenschifffahrtswegen gerechnet wird, ist die Jeune Autise in der Hauptsache ein künstlich erbauter Kanal, der über einen 4,5 km langen Versorgungskanal einen Teil der natürlichen Strömung des Flusses Autise aufnimmt. Er ist fast 9 km lang von seiner Verbindung mit der Sèvre Niortaise in Maillé (km 37,3) bis zum Hafenbecken der kleinen Ortschaft Souil. Die ersten 1,2 km verlaufen in einer schiffbaren Schleife der Sèvre. Bedauerlicherweise kann die Jeune Autise wegen der geringen Abmessungen der Schleuse in Maillé – übrigens der einzigen auf der gesamten Strecke – nur von ganz kleinen Booten befahren werden.

Die wichtigste Bestimmung der Sèvre Niortaise war es, den Holztransport aus dem Marais du Poitevin zu den Seehäfen Marans oder La Rochelle zu ermöglichen. Noch immer sind zwei Schlepper damit beschäftigt, Holz stromabwärts zu flößen. Jährlich kommen höchstens 150 bis 200 Sportboote hierher, was zum einen daran liegt, dass Wassertiefen und Durchfahrtshöhen in den oberen Bereichen sehr beschränkt sind, zum anderen sind insbesondere Motorboote bei der einheimischen Bevölkerung nicht sonderlich beliebt. Um die Situation nicht weiter zu verschärfen, sollte man je nach Bootstyp und -größe unter der zulässigen Höchstgeschwindigkeit von 10 km/h bleiben, besonders dann, wenn man den flachbödigen Binnenschiffen begegnet.

Canal de la Somme

Der Canal de la Somme wurde in den Jahren 1770–1843 erbaut, um von Saint-Quentin einen Zugang zur See zu schaffen, und besteht größtenteils aus der kanalisierten Somme. Er ist einer der hübschesten Wasserwege im Norden Frankreichs, denn er führt durch Marschland, das von Seen und Kiesgruben gesprenkelt ist. Ein Besuch ist sehr empfehlenswert.

Von Saint-Simon am Canal de Saint-Quentin bis zur Seeschleuse von Saint-Valéry-sur-Somme sind es 156 km. Der Kanal stellt somit eine gute Verbindung vom Ärmelkanal zu den Binnenwasserstraßen im Herzen Frankreichs dar. Er wird in drei Abschnitte eingeteilt:

- Von Saint-Simon bis zum Unterwasser der Schleuse 11, Froissy (km 54), verläuft er parallel zur Somme (20 km dieser Strecke bilden gleichzeitig den 2. Abschnitt des Canal du Nord).
- Von Froissy bis unterhalb von Abbeville (km 142) fährt man hauptsächlich auf der Somme und gelegentlich durch Schleusenkanäle.
- Von Abbeville bis zur Mündung heißt die Strecke Canal Maritime d'Abbeville à Saint-Valéry-sur-Somme. Der Abschnitt, der in den Canal du Nord eingegliedert ist, wurde auf den Standard dieses Kanals ausgebaut.

Étang de Thau

Der Étang de Thau ist ein großer, geschützter Salzwassersee – ein Strandsee –, der den Canal du Midi mit dem Canal du Rhône à Sète verbindet. Vom Leuchtturm an der Mole von Les Onglous, der den Austritt des Canal du Midi bezeichnet, bis zu der Stelle, an der der Canal du Rhône à Sète in den Teil des Sees, der auch Étang des Eaux Blanches genannt wird, eintritt, ist die Strecke 17 km lang. Man kann zwischen zwei schiffbaren Zufahrten zum Mittelmeer wählen:

Am Westende nimmt man den 2 km langen Canal de Pisse-Saumes; im Ostteil fährt man über den Canal Maritime (Seekanal) in den betriebsamen Hafen von Sète.
Im Étang de Thau gibt es kein betonntes Fahrwasser; der sichere Kurs mit guten Wassertiefen führt von Les Onglous gerade über den See zum Leuchtturm Roquérols.
Häfen findet man am Nordufer des Sees in Marseillan und Mèze. Bei schlechtem Wetter sollte man auf eine Fahrt über den See verzichten.

Vilaine

Die kanalisierte Vilaine gehört zu den bretonischen Wasserstraßen und bildet ein wichtiges Verbindungsstück, das eine geschützte Fahrt auf Binnenwasserwegen vom Ärmelkanal zum Atlantik (von Saint-Malo bis zum Golf von Biscaya) ermöglicht.
Die Vilaine ist 137 km schiffbar von Rennes, wo sich der Canal d'Ille-et-Rance dazugesellt, bis zur Mündung in den Atlantischen Ozean unterhalb von La Roche-Bernard. In Redon (km 89) kreuzen sich die Vilaine und der Canal de Nantes à Brest; ab hier war der Fluss früher gezeitenabhängig, bis man ein Wehr mit einer großen Schleuse bei Arzal, 6 km landeinwärts, errichtete. Dadurch ist das Mündungsgebiet der Vilaine in einen großen Süßwassersee verwandelt worden, mit mehr oder minder konstantem Wasserstand.
Trotz seiner Konstruktion ist das große Wehr „Grand Vannage" in Redon oft geschlossen und bietet so Schutz bei besonderen Hochwasserständen. Da es hier keine Schleuse gibt, muss das Wehr umfahren werden. Fährt man die Vilaine stromabwärts, führt der Kurs direkt durch die Schleuse Nr. 18 (Oust) am Canal de Nantes à Brest, dann sofort links durch eine andere Schleuse in das große Hafenbecken von Redon (360 x 60 m), das als Yachthafen eingerichtet wurde. Dieses Becken ist mit der Vilaine, unterhalb des „Grand Vannage", durch ein kurzes Kanalstück verbunden, aus dem die ehemalige Gezeitenschleuse entfernt worden ist. Auf den anschließenden 42 km von hier bis Arzal wird man nicht mehr durch Schleusen aufgehalten.

Yonne

Die Yonne ist von Auxerre, wo sie an den Canal du Nivernais anschließt, bis zur Einmündung in die Seine bei Monterau kanalisiert; das ergibt eine Strecke von 108 km. Auf den ersten 22 Kilometern setzt sie den Canal du Nivernais fort, ab Laroche-Migennes ist sie mit dem Canal de Bourgogne verbunden. Somit stellt sie einerseits eine Querverbindung zwischen der Bourgogne- und der Bourbonen-Route (Loire, Canal latéral à la Loire) dar, die beide von Paris nach Lyon führen, und bildet außerdem einen Teil der Bourgogne-Route, der kürzesten, aber schleusenreichsten Verbindung durch Mittelfrankreich. Die Yonne ist zum Wasserwandern besonders geeignet; es gibt große Schleusen, aber wenig Berufsschiffsverkehr, außer in den unteren Bereichen.